THÈSE

POUR

LE DOCTORAT

La Faculté n'entend donner aucune approbation ni improbation aux opinions émises dans les thèses ; ces opinions doivent être considérées comme propres à leurs auteurs.

FACULTÉ DE DROIT DE L'UNIVERSITÉ DE PARIS

DES

SÛRETÉS RÉELLES SUR LA CHOSE D'AUTRUI

THÈSE POUR LE DOCTORAT

L'ACTE PUBLIC SUR LES MATIÈRES CI-APRÈS

Sera présenté et soutenu le Mardi 30 Octobre 1900 à 8 heures.

PAR

GASTON CHANTEAUD

Président : M. PLANIOL, *professeur*.

Suffragants { MM. LÉON MICHEL, *professeur*.
MASSIGLI, *professeur*.

PARIS

LIBRAIRIE MARESCQ AINÉ

A. CHEVALIER-MARESCQ ET Cie, ÉDITEURS

20, RUE SOUFFLOT

1900

FACULTÉ DE DROIT DE L'UNIVERSITÉ DE PARIS

DES SÛRETÉS RÉELLES SUR LA CHOSE D'AUTRUI

THÈSE POUR LE DOCTORAT

L'ACTE PUBLIC SUR LES MATIÈRES CI-APRÈS

Sera présenté et soutenu le Mardi 30 Octobre 1900 à 8 heures.

PAR

GASTON CHANTEAUD

Président : M. PLANIOL, *professeur*.

Suffragants { MM. LÉON MICHEL, *professeur*.
MASSIGLI, *professeur*.

PARIS

LIBRAIRIE MARESCQ AINÉ

A. CHEVALIER-MARESCQ ET Cie, ÉDITEURS

20, RUE SOUFFLOT

1900

DES SURETÉS RÉELLES SUR LA CHOSE D'AUTRUI

Exposition

Le Code civil prévoit et réglemente l'exercice des droits divers non seulement par un propriétaire sur sa propre chose, mais encore par un non-propriétaire sur la chose d'autrui.

C'est ainsi que l'article 1021 Code civil déclare nul le legs de la chose d'autrui soit que le testateur ait connu ou non qu'elle ne lui appartenait pas.

L'article 1599 Code, a prévu la vente de la chose d'autrui et l'a déclarée nulle, tout en admettant qu'elle pouvait donner lieu à des dommages-intérêts lorsque l'acheteur avait ignoré que la chose fût à autrui.

L'objet de la présente étude est d'examiner précisément la nature et l'effet des sûretés réelles constituées sur la chose d'autrui.

De ces sûretés, qu'il s'agisse de gage, de privilèges ou d'hypothèque conventionnelle, le Code civil n'a pas formellement parlé. Nous n'avons pas dans la matière de textes analogues aux articles 1021, 1599 pour les prohiber ou les admettre.

Force a donc été à la doctrine et à la jurisprudence d'interpréter le silence de la loi ou plutôt d'en chercher l'esprit au travers des textes.

§ 1. — Pour le gage, proprement dit, comme pour les privilèges mobiliers d'ailleurs, c'est l'article 2279, al. 1 Code civil, au titre de la prescription qui a fourni la solution basée sur la maxime : « En fait de meubles possession vaut titre ».

La mise en gage de la chose d'autrui n'est pas nulle et de nul effet; et la question sur laquelle nous ne reviendrons pas, doit être étudiée à un double point de vue : A. dans les rapports du propriétaire de la chose engagée et du créancier gagiste, B. dans les rapports de ce dernier et du débiteur.

A. Entre le propriétaire de la chose engagée et le créancier gagiste.

Si le propriétaire de cette chose est seul intéressé et s'il n'a pas consentii à la mise en gage, ou encore s'il ne l'a pas ratifiée soit expressément, soit tacitement, il n'y a pas de difficulté ; car il peut invoquer l'article 1165 Code civil, et la règle « *Res inter alios acta ....* ».

Les conventions n'ont d'effets qu'entre contractants ; elles ne nuisent pas aux tiers.

Mais il faut distinguer et mettre à part le cas où le créancier gagiste a reçu la chose de bonnne foi, c'est-à-dire dans l'ignorance qu'elle fût à autrui, lorsque d'ailleurs les formalités des articles 2074 et 2075 Code civil ont été remplies; et c'est ici que l'article 2279, al. 1, trouve sa pleine application.

En effet, peut-on refuser au créancier gagiste, parce qu'il est détenteur à titre de gage, un droit qu'il aurait certainement s'il était acheteur de bonne foi d'un meuble corporel n'appartenant pas au vendeur ? Non évidemment ! Et cela ressort bien de l' « exposé des motifs » au titre du gage. Cf. Berlier rapporté par Locré, t. XVI, p. 30 (Fenet, t. XV, p. 210). Le propriétaire, s'il veut recouvrer sa chose, n'aura donc qu'un moyen d'y parvenir : rembourser le créancier (sauf son recours naturellement contre le débiteur dont il aura payé la dette). Cf. Troplong (66 et suiv.) Massé et Vergé sur Zachariæ (t. V, p. 106, note 1) Aubry et Rau (t. III, p. 513, 3e édit., t. IV, p. 700, note 1, 4e édit.) Jurispr. Req. 23 janv. 1860 (Sir. 60. 1.543) (Dalloz 50. 1.123) Paris, 23 mai 1873 et Bordeaux, 26 mai 1873 (Dalloz 75. 1.67 et 76. 2.23) Trib. Seine, 20 mars 1878 (*Gaz. Trib.*, 15 avril 1878).

Le principe n'est limité que par les termes de l'art. 2279, 2e al. et de l'art. 2280 relatifs aux cas de perte ou de vol et d'achat dans un marché ou dans une foire où l'on vend des choses semblables à l'objet perdu ou volé.

B. Entre le créancier gagiste et le débiteur l'engagement de la chose d'autrui, produit ici, en principe, tous ses effets légaux.

Il y a eu contrat et contrat valable ; donc, d'une part, le créancier gagiste desintéressé doit restituer l'objet reçu en gage ; on admet toutefois que l'article 1938, al. 2 au titre du Dépôt est applicable à notre espèce et que le créancier gagiste qui vient à découvrir que la chose qu'il détient encore a été volée, peut la retenir malgré le paiement effectué et dénoncer le gage au vrai propriétaire. Si ce dernier reste inactif et ne la revendique point « le créancier gagiste sera libéré par la tradition qu'il en aura faite à celui duquel il l'aura reçue ». D'autre part, jusqu'à ce que le créancier soit désintéressé le débiteur ne peut se faire restituer la chose qu'il a engagée, sous prétexte qu'elle n'était pas sienne. Que ne s'assurait-il mieux de son droit de propriété sur la chose avant de l'engager ? Seul le créancier gagiste pourrait arguer du vice dont le gage est atteint pour demander une autre sûreté ou pour exiger le paiement immédiat de la dette par application de la déchéance du bénéfice du terme inscrite dans l'art. 1188 Code civil. Le débiteur ne peut pas forcer le créancier gagiste désintéressé avec le bien d'autrui, de se défendre contre la revendication du *verus dominus* et d'invoquer l'art. 2279 du Code civil ; car c'est une exception qui pour être légale n'est pas toujours honnête ; nul ne peut être contraint d'agir contre sa conscience : le créancier gagiste peut donc employer ou répudier ce moyen mais à son choix et sans contrainte.

§ 2. — Quant aux privilèges, et nous ne parlons ici que des privilèges mobiliers tels que ceux du bailleur d'immeuble sur ce qui garnit les lieux loués, du voiturier sur la chose voiturée, de l'aubergiste sur les effets du voyageur qui ont été transportés dans son auberge (qu'on les considère comme des privilèges, ou comme des cas du droit de rétention, ce sont toujours des sûretés réelles) il reposent eux-aussi sur l'art. 2279 Code civil, et peuvent frapper utilement la chose d'autrui.

Le propriétaire a le droit de présumer que tout ce qui garnit les lieux loués appartient au locataire : les effets du voyageur restent soumis au droit de l'aubergiste quand bien même ils ne seraient pas sa propriété personnelle. Le voiturier est garanti de ses frais par la marchandise voiturée, qu'elle appartienne ou non à l'expéditeur. Pourtant le vrai propriétaire peut dénoncer son droit au créancier gagiste et empêcher que son bien ne soit frappé de gage. C'est ainsi que les facteurs de pianos qui louent des instruments aux particuliers ont coutume de notifier l'acte de location d'un piano par exemple, au bailleur de l'immeuble où le piano est déposé.

La présomption que le débiteur qui fournit le gage en est propriétaire tombe en effet devant la preuve contraire ; le bailleur ne peut plus être présumé croire que son locataire était propriétaire du meuble puisque par acte ayant date certaine (c'est ordinairement un exploit d'huissier) le contraire lui est notifié.

Donc les privilèges mobiliers, comme le gage, peuvent frapper également le bien d'autrui et le bien du débiteur.

§ 3. — Pour l'hypothèque, et nous n'entendons parler dans cette étude que de l'hypothèque conventionnelle, la solution est tout opposée. L'hypothèque (caution réelle mise à part) n'est valablement constituée que sur l'immeuble dont le débiteur est propriétaire : l'hypothèque de la chose d'autrui est nulle et de nul effet. Elle est nulle d'abord à l'égard du véritable propriétaire qui, n'ayant pas été partie au contrat d'hypothèque, ne peut en souffrir : il n'a consenti aucune diminution de son droit de propriété, il en a donc toujours le plein exercice. Nous ne saurions nous élever contre un droit si évident et nous ne reviendrons pas sur ce point dans la suite de cette étude.

Elle est nulle aussi pour le créancier gagiste et pour le débiteur qui est à la fois constituant, comme nous l'avons supposé et c'est ici que nous ne suivons plus l'opinion courante. La solution qu'elle admet est basée sur l'article 2129 du Code civil qui établit et règlemente après la loi de Brumaire an VII le grand principe de la spécialité de l'hypothèque conventionnelle.

« Il n'y a d'hypothèque conventionnelle valable que celle qui, soit dans le titre authentique constitutif de la créance, soit dans un acte authentique postérieur, déclare spécialement la nature et la situation de chacun des immeubles actuellement appartenant au débiteur, sur lesquels il consent l'hypothèque de la créance. Chacun de tous ses biens présents peut être nominativement soumis à l'hypothèque. Les biens à venir ne peuvent pas être hypothéqués. »

La loi de Brumaire an VII disait encore plus nettement : « elle (la stipulation volontaire d'hypothèque) ne peut comprendre que des biens appartenant au débiteur lors de la stipulation ».

Comment obéir aux prescriptions de la loi disent la doctrine presque générale et la jurisprudence si l'on admet l'hypothèque de la chose d'autrui ?

Car de deux choses l'une : ou le constituant, de bonne ou de mauvaise foi d'ailleurs, hypothèque un immeuble dont il n'est pas propriétaire lors de la constitution d'hypothèque et qu'il n'a nul espoir de jamais acquérir, et l'acte tombe pleinement sous la prohibition de l'art 2129 1er al. ; ou bien le constituant espère acquérir un jour par succession, donation ou achat la propriété du bien qu'il hypothèque, qu'il le dise dans l'acte ou le sous-entende du reste, et nous sommes en présence d'une hypothèque sur biens à venir prohibée par l'art. 2129 al. 2, dès lors qu'elle n'est pas de celles que prévoit l'art. 2130.

Dans les deux cas c'est la nullité absolue, radicale, ou suivant une autre terminologie, l'inexistence de l'hypothèque ainsi consentie.

Un tel système paraît à première vue bien rigoureux car il fait fi de la volonté des parties d'abord, et de l'intérêt supérieur du crédit ensuite.

Le contrat d'hypothèque sur chose d'autrui choque-t-il donc à la fois la raison et la morale et le peu de crédit qu'il donne doit-il être supprimé alors même qu'il ne nuit à personne ! Cela paraît déjà surprenant.

Mais l'on s'étonne encore plus si l'on remarque que le législateur donne ainsi nettement deux réponses à cette même question : faut-il ou ne faut-il pas admettre de sûretés réelles sur la chose d'autrui ?

En effet n'avons-nous pas vu le gage et les privilèges mobiliers frapper indifféremment le bien du débiteur et cette chose d'autrui que l'on soustrait ensuite à l'hypothèque ? Quelle différence y a-t-il donc entre les deux espèces, qui les fasse distinguer si nettement ?

Le gage et les privilèges dont nous avons parlé frappent, il est vrai, les meubles, lorsque l'hypothèque porte sur les immeubles. Mais est-ce une raison suffisante ? Si l'on nous répond aussitôt que la solution admise pour le gage et les privilèges mobiliers est obligatoire en présence de l'art. 2279 et de la maxime « en fait de meubles possession vaut titre », tandis qu'un pareil texte manque pour les immeubles, nous apercevons alors la raison véritable de la distinction qui nous occupe : derrière l'interprétation des textes nous voyons apparaître la vieille maxime *res mobilis*, *res vilis*. C'est elle qui inspire ces solutions apposées et qui domine la matière ; comme s'il pouvait y avoir en droit et en équité une propriété violable, celle des meubles, et une propriété inviolable, celle des immeubles ! Et n'en arrive-t-on pas à cette inégalité très injuste avec cette interprétation juridique ?

Voilà donc un système double, non cohérent, celui de la doctrine presque générale et de la jurisprudence.

L'on peut concevoir évidemment en face de cette théorie, deux opinions différentes qui auraient pour premier mérite de ne donner qu'une même réponse à une même question :

a) L'on pourrait songer d'abord à repousser l'idée d'une sûreté réelle, quelle qu'elle soit, sur la chose d'autrui ; il faudrait alors introduire dans la loi un texte modificatif de l'article 2278 sur ce point particulier : le gage et les privilèges mobiliers seraient ainsi traités comme l'est l'hypothèque conventionnelle dans l'opinion courante.

b) L'on peut admettre enfin que le gage et les privilèges mobiliers d'une part, l'hypothèque conventionnelle d'autre part, puissent frapper indifféremment la chose du débiteur et la chose d'autrui, et ce serait la solution inverse de celle admise pour l'hypothèque conventionnelle dans l'opinion courante.

De ces trois opinions nous connaissons maintenant la première, partagée par la doctrine presque générale et par une jurisprudence nombreuse ; la seconde, nous l'avons dit, ne peut être soutenue en présence de l'art. 2279. Reste à savoir si la troisième ne peut être admise.

Les partisans de la nullité de l'hypothèque sur la chose d'autrui n'ont déjà pas appliqué leurs principes avec une même rigueur.

C'est ainsi que certains poussent la logique jusqu'à dire que si la nullité de cette sûreté réelle est absolue, radicale, il n'y a pas de raisons pour défendre au constituant, même de mauvaise foi, de l'invoquer s'il y trouve intérêt.

D'autres, au contraire, lui refusent ce droit, par application du principe : *nemo creditur turpidinem suam allegans*.

Il en est enfin qui ne considèrent pas cette nullité comme une nullité véritable, mais plutôt comme une inefficacité de la constitution d'hypothèque sur la chose d'autrui. L'hypothèque paralysée dès sa naissance pourrait plus tard prendre des forces et se consolider si la propriété venait à se fixer sur la tête du constituant. C'est ainsi que l'on a parlé « d'hypothèque virtuelle » en cette matière (1).

D'autre part, pour quelques auteurs, l'hypothè-

1. *Cf.* Gillard. Thèse sur l'hypothèque conventionnelle.

que de la chose d'autrui, nulle en tant que sûreté constituée, *hic et nunc*, vaudrait comme promesse d'hypothèque et suffirait à baser une action en dommages-intérêts, au cas où la sûreté promise ou son équivalent ne seraient pas fournis : la solution serait analogue à celle admise couramment malgré les termes formels cependant de l'art. 1599 C. civ. pour la vente de la chose d'autrui.

Notre opinion personnelle s'autorise des noms considérables de MM. Merlin, Troplong, Colmet de Santerre et des motifs de certains arrêts, pour critiquer la prohibition de l'hypothèque conventionnelle de la chose d'autrui, et pour admettre contrairement à l'opinion courante qu'elle peut produire des effets importants.

Une telle doctrine se soutient d'abord rationnellement, elle offre en outre l'avantage d'être suffisamment pratique puisqu'elle favorise le crédit sans nuire à personne.

C'est ce que nous espérons pouvoir établir dans les développements qui vont suivre :

— Ils comprendront dans un 1er chapitre : les motifs invoqués par l'opinion qui nous est contraire, c'est-à-dire : 1° en doctrine et 2° en jurisprudence.

— Dans un 2e chapitre : nous tirerons de la critique même du système opposé les raisons et la base du nôtre.

Un 3e chapitre montrera à quelles conséquences bizarres mènent les principes de l'opinion que nous combattons, et établira le côté pratique de la question.

— Notre conclusion formera enfin le 4e et dernier chapitre de cette étude.

CHAPITRE PREMIER

MOTIFS INVOQUÉS PAR LA DOCTRINE ET PAR LA JURISPRUDENCE DANS LA THÈSE DE LA NULLITÉ ABSOLUE DE L'HYPOTHÈQUE SUR LA CHOSE D'AUTRUI.

Section I. — Doctrine.

Les arguments de la doctrine fondés en droit sur l'interprétation à notre sens trop exclusive de l'article 2129 du Code civil tendent à établir que le législateur dans cet article s'est complètement émancipé de la tradition de Rome et de l'ancien droit en matière d'hypothèque de la chose d'autrui. Qu'il a été innové en 1804, non seulement en ce qu'on a établi, après la loi de brumaire an VII, le régime hypothécaire conventionnel sur la double base de la publicité et de la spécialité, mais aussi en ce que ce dernier principe a reçu dans l'article 2129 l'extension la plus large, englobant à la fois l'hypothèque sur biens à venir et l'hypothèque de la chose d'autrui.

Nous ne saurions mieux faire ici que de citer en son entier le passage suivant du traité des hypothèques de M. Flandin, rapporté dans Dalloz, Répertoire, Privilèges et hypothèques, volume 37, page 343.

« N'attachant pas, dit ce magistrat, en matière d'hypothèques, une autorité prépondérante aux lois romaines, à cause de la différence profonde qui existe entre le droit ancien et le droit nouveau sous ce rapport, nous jugeons inutile de reproduire tous les développements de Merlin sur la question, et c'est uniquement d'après les principes de la législation nouvelle que nous allons l'examiner. Elle peut se présenter dans plusieurs cas : et d'abord entre le débiteur et le créancier auquel l'hypothèque a été conférée. Le débiteur après être devenu propriétaire de l'immeuble pourra-t-il exciper de la nullité de l'hypothèque pour soutenir que cet immeuble en est affranchi ? Nous ne voyons pas dans notre droit, un très grand intérêt à cette question ; car comme tous les biens d'un débiteur sont affectés à l'acquittement de son obligation (2092) et que le créancier n'a pas besoin d'hypothèque pour les faire saisir (2204 et 2209) la difficulté, à part le désir que peut avoir le débiteur d'affranchir ses immeubles, ne commence réellement que lorsque le créancier est en contact avec un tiers acquéreur ou avec d'autres créanciers. Dans le droit romain, au contraire, où le créancier pouvait se faire mettre en possession de la chose hypothéquée pour en percevoir les fruits, il n'était pas indifférent pour lui que l'hypothèque fût valable ou non. Or, sur ce point déjà, on pourrait presque dire que les lois romaines décident le pour et le contre. Si d'un côté, en effet, la loi 5, Code. *Si aliena res.* se prononce pour la validité de l'hypothèque en accordant au créancier, non pas l'action hypothécaire directe, *ordinariam*, mais une action utile, *ex æquitate*, pour revendiquer la chose hypothéquée, la loi 1. Dig. de Pign. et hyp. semble décider le contraire pour le cas au moins où le créancier aurait su que cette chose n'appartenait pas au débiteur ; quoi qu'il en soit, et laissant de côté les efforts des docteurs pour concilier ces textes, nous admettrons, si l'on veut, qu'en droit romain, vis-à-vis du débiteur au moins, l'hypothèque de la chose d'autrui fut valable, et que ce point de doctrine fut universellement reconnu dans l'ancienne jurisprudence française. Mais en doit-il être de même aujourd'hui ? Nous ne saurions le penser ; et notre raison se fonde moins encore sur le texte que sur l'esprit de l'art. 2129. Nous ne pouvons cependant omettre de faire remarquer en quels termes absolus, exclusifs est conçu cet article. « Il n'y a pas d'hypothèque conventionnelle valable que celle qui... déclare spécialement la nature et la situation de chacun des immeubles appartenant au débiteur... » « Il n'y a que... » c'est une formule prohibitive, plus étroite encore que la locution « ne peut » dont Dumoulin disait, dans un latin barbare mais expressif : « *negativa præposita verbo « potest » tollit potentiam juris et facti, et inducit necessitatem præcisam, designans autem impossibilem* ». Dumoulin sur la loi 1. Dig. *de verb. oblig.* n° 2. Et les mots « actuellement appartenant au débiteur » ont bien aussi leur énergie. Cet argument, sans doute, s'il était isolé, ne serait pas décisif ; mais il se complète par celui que nous allons tirer de l'esprit de la loi. Or, que veut l'article 2129 ? Que le débiteur ne puisse hypothéquer que ses biens présents, c'est-à-dire les biens qu'il possède actuellement et non ceux qui pourront lui appartenir dans la suite. Et, pour rendre plus manifeste encore sa volonté à cet égard, le législateur ajoute que « les biens à venir ne peuvent être hypothéqués. » Ainsi, voilà la règle de l'hypothèque conventionnelle : hypothèque des biens présents, et non pas *in globo*, mais par désignation spéciale ;

prohibition de l'hypothèque des biens à venir. C'est toute une révolution dans la matière hypothécaire c'est l'éversion totale de l'ancien système qui, non seulement admettait l'hypothèque conventionnelle des biens à venir, mais qui la faisait résulter, *ipso facto*, de toute obligation notariée. Comment admettre alors que les lois romaines puissent encore avoir autorité aujourd'hui sur un point où les principes anciens sont entièrement abandonnés? Car, déclarer valable l'hypothèque constituée sur l'immeuble d'autrui, quand le débiteur devient ultérieurement propriétaire de cet immeuble qu'est-ce faire autre chose que de lui permettre d'hypothéquer ses biens à venir? Objectera-t-on que l'hypothèque conventionnelle des biens à venir n'est pas interdite d'une manière absolue, et que l'article 2130 la permet exceptionnellement? Oui, mais sous une double condition : la première qu'il y ait insuffisance des biens présents pour la garantie de la dette, la seconde que cette insuffisance soit exprimée dans l'acte qui contient l'hypothèque des biens à venir. Or ce n'est pas l'hypothèse dans laquelle raisonnent Merlin et M. Troplong. Bien plus l'art. 2130 ne donne effet à l'hypothèque des biens à venir stipulée dans ces conditions que du jour des acquisitions, tandis que les lois romaines dans le cas prévu, faisaient remonter l'hypothèque de la chose d'autrui au jour où elle avait été constituée. « *Si non dominus duobus eamdem rem diversis temporibus, pignoraverit, prior potior est...* (Loi 14 Dig. *qui potior*. Voët. *eod.* tit. n° 31). On voit donc quel danger il y a d'invoquer les lois romaines sous une législation qui procède d'après d'autres errements. « Mais, disent MM. Merlin et Troplong, on est toujours garant de son fait, et le débiteur qui veut exciper de la nullité de l'hypothèque, doit être repoussé par l'exception de dol. C'est encore la disposition des lois romaines, notamment de la loi 7, § 2. Dig. de Sen. Maced. Le vendeur, ajoute Merlin, qui après avoir délivré une chose dont il n'était pas propriétaire, en a acquis ensuite la propriété, pourrait-il, à la faveur de l'art. 1599, Code, Nap. qui déclare nulle la vente de la chose d'autrui, être reçu à la revendiquer sur l'acheteur? Assurément non, dit-il, car cette nullité n'empêche pas qu'il ne doive garantie à ce dernier, qui même a droit à des dommages-intérêts, lorsqu'il a ignoré que la chose fût à autrui ; et l'acheteur lui opposerait la règle : « *quem de evictione tenet actio, eumdem agentem repellit exceptio.* » Pourquoi en serait-il autrement en matière d'hypothèque? Pourquoi ! Le voici, selon nous : c'est que la nullité de la vente et celle de l'hypothèque de la chose d'autrui ne procèdent pas de la même cause : la première peut être réparée; mais la seconde est radicale, absolue, parce que l'hypothèque de la chose d'autrui n'est, par voie indirecte et détournée que l'hypothèque des biens à venir, hors de la seule exception permise ; qu'elle est ainsi une fraude faite à la loi et qu'elle mettrait en péril les bases même du nouveau régime hypothécaire. Que ferait le fils de famille qui n'aurait pas d'immeubles, à lui propres, à donner en hypothèque à son créancier ? Il hypothèquerait, comme siens, ceux de son père, et le créancier trouverait dans cette hypothèque, une garantie réelle, puisque dans le système opposé au nôtre, cette hypothèque se consoliderait à la mort du père. Et l'on ne peut pas dire que ce soit là une convention interdite comme stipulation sur une succession future (1130) ; car il faudrait proscrire, au même titre l'hypothèque sur biens à venir, dans le cas où la loi l'autorise ; ce qui est la meilleure démonstration que l'art. 1130 n'est pas applicable. Dans le droit romain d'ailleurs, les pactes sur succession future n'étaient pas moins sévèrement interdits que dans le nôtre (Loi 4, Code. De inut. stip.). Et nous venons de voir, cependant par l'exemple de la loi 7, § 2. Dig. de

Sen. Maced que l'hypothèque constituée par le fils de famille sur les biens du père ne pouvait plus être attaquée par lui, dès qu'il était devenu propriétaire de ces biens, en héritant de ce dernier. »

Si nous avons tenu à faire cette citation c'est parce qu'elle donne un résumé précis et assez succinct des longues et copieuses dissertations de Merlin et de Troplong sur la question qui nous occupe et en particulier sur les textes du droit romain.

L'argumentation de l'auteur porte uniquement sur la lettre et sur l'esprit de l'article 2129. Mais la doctrine rattache cet article à l'article 2124 qui s'exprime ainsi : « les hypothèques conventionnelles ne peuvent être consenties que par ceux qui ont la capacité d'aliéner les immeubles qu'ils y soumettent. »

En effet l'hypothèque garantit sur l'immeuble, le paiement incertain d'une créance : elle tend ainsi à assurer éventuellement au créancier le montant de sa créance sur le prix de l'immeuble. C'est une aliénation en puissance.

Or pour aliéner un immeuble il faut en être propriétaire, car « *nemo dat quod non habet* ». Comment admettre en conséquence l'hypothèque de la chose d'autrui? Une telle constitution d'hypothèque sera donc complètement nulle et l'on ajoute qu'aucun fait postérieur ne pourra la faire revivre. En vain le constituant deviendra-t-il plus tard propriétaire de l'immeuble hypothéqué ; en vain l'aura-t-il engagé sous la condition qu'il en deviendra ultérieurement propriétaire, en vain aura-t-il cru s'engager non pas à fournir d'ores et déjà une sûreté valable mais à s'efforcer de la fournir ; la loi est trop formelle pour qu'on passe outre, l'opération est nulle et l'on ne peut que la recommencer. En effet comme le dit M. Flandin, l'hypothèque de la chose d'autrui n'est qu'une hypothèque masquée sur biens à venir.

L'autoriser, ce serait permettre de tourner la loi, d'atteindre indirectement un but qu'elle prohibe.

La nullité dont elle est frappée est une nullité d'ordre public absolue. L'hypothèque en est atteinte dans sa source et rien ne peut la faire revivre, ou mieux la faire vivre, puisqu'elle n'a pas existé. L'action qui en résulte est d'ordre public, avons-nous dit, et pour le prouver voici d'après M. Guillouard (*Traité des privilèges et hypothèques*, tome II, p. 419, n° 937, 2e édition) ce que l'on prétend : « l'hypothèque est un contrat solennel, parce qu'elle touche aux intérêts les plus graves, au crédit public et par suite à l'ordre public, et toute violation d'une loi d'ordre public engendre une nullité absolue... Notre législation qui a organisé le régime de la spécialité et de la publicité des hypothèques y voit, avec raison, un contrat d'ordre supérieur intéressant la prospérité de l'Etat. » L'action est donc ouverte à tous, et le constituant lui-même, de bonne ou de mauvaise foi d'ailleurs, peut l'invoquer.

Au moins penserait-on que l'hypothèque nulle comme telle pût valoir comme promesse d'hypothèque, car il ne peut être dans l'intention des parties de contracter pour ne rien traiter (1157). Mais encore une fois, rien ne sort du néant. Pour interpréter une convention, comme le suppose l'art. 1157 il faut être en présence d'un contrat valable, fait d'éléments complets mais dont le sens est incertain. Puisqu'il n'y a rien dans l'espèce, la question ne se pose même pas et tout est à refaire.

« L'hypothèque de la chose d'autrui, nous dit Thézard dans son traité *Du nantissement des privilèges et hypothèques*, page 74, n° 48, comme l'aliénation de cette chose, est nulle de nullité radicale et absolue ; car nul ne peut constituer un droit sur une chose qui ne lui appartient pas, et l'acte par lequel il le fait doit être réputé non avenu, et non pas seulement annulable.

C'est bien là la théorie que nous exposons basée sur les art. 2124 et 2129 ; et l'auteur ajoute : « les conséqueuces de la nullité, pour l'hypothèque de la chose d'autrui, sont même, à certains égards, plus radicales que celles qui s'attachent à la nullité de l'aliénation. En effet, l'aliénation proprement dite de la chose d'autrui, par exemple, la vente, si elle est actuellement inutile, contient au moins une manifestation de volonté susceptible de se compléter plus tard et de former un contrat par l'adjonction d'éléments nouveaux. Si, par exemple, celui qui a vendu la chose d'autrui devient ensuite propriétaire de cette chose avant que la nullité ait été invoquée la vente se forme alors par l'effet du consentement préexistant et non retiré, auquel s'adjoint, à ce moment, le droit de propriété du vendeur nécessaire à l'existence de la vente ; de même la ratification du propriétaire de la chose survenant après le contrat, introduit dans l'opération un consentement nouveau et efficace, qui, en se réunissant à la volonté des parties originaires, forme un contrat parfait ; enfin si on ne peut pas vendre directement la chose d'autrui, on peut faire une promesse de vente, un contrat *sui generis*, par lequel on s'engage à procurer la propriété d'une chose d'autrui, ou encore se porter fort pour le propriétaire.

Au contraire, en matière d'hypothèque, la propriété actuelle de l'immeuble chez le constituant est, comme on l'a très bien dit, « une condition de possibilité légale de l'affectation hypothécaire en soi » ; si elle fait défaut, l'hypothèque est entachée d'un vice réel et substantiel que rien ne peut effacer. L'art. 2129 en déclarant qu'il n'y a d'hypothèque valable que celle qui a été constituée avec désignation spéciale sur des biens appartenant actuellement au débiteur, en ajoutant que les biens à venir ne peuvent être hypothéqués, frappe d'une inefficacité radicale et irréparable la convention d'hypothèque qui intervient *a non domino.* »

Mais quel est donc ce vice substantiel ? Nous ne l'avons pas supposé dans la forme de la constitution d'hypothèque, il nous faut donc le rechercher dans le fond ?

Sur quoi base-t-on ici l'inexistence de la convention ? L'art. 1108 du Code civil nous dit que quatre conditions sont essentielles pour la validité des conventions : 1° le consentement de la partie qui s'oblige ; 2° sa capacité de contracter ; 3° un objet certain qui forme la matière de l'engagement ; 4° une cause licite dans l'obligation.

Or, nous supposons que notre constitution d'hypothèques a lieu entre parties libres et lucides, capables d'ailleurs, et nous supposons aussi que l'obligation du constituant a pour cause licite l'objet de l'obligation de l'autre partie, c'est-à-dire le plus souvent le prêt d'argent que lui a consenti le créancier.

Nous ne citons que pour mémoire l'opinion de M. Laurent qui basait la nullité dont nous parlons sur un prétendu défaut de cause licite (cf. la critique de cette doctrine rapportée par Baudry-Lacantinerie et de Loynes, tome II, de leur *Traité théorique et pratique de Code civil*, page 371 : « La cause est illicite aux termes de l'article 1133, dit M. Laurent, quand elle est prohibée par la loi et quand elle est contraire à l'ordre public ; or, à ce double titre, l'hypothèque de la chose d'autrui est illicite : la loi la prohibe dans les articles 73 et 78 (Code civil, art. 2124 et 2129) et elle la prohibe dans un intérêt général, puisque la prohibition tient à la spécialité, c'est-à-dire à l'intérêt des tiers qui est un intérêt public, et au crédit des propriétaires qui est également un intérêt public ; et en matière de convention l'intérêt public est d'ordre public. » L'opinion de cet auteur est erronée car elle repose sur une erreur de droit fondamentale, savoir : une confusion de l'objet et de la cause dans les contrats ; nous n'y insistons pas.

Reste l'objet certain et c'est, nous dit-on, ce qui manquerait ici : l'absence d'objet vicierait la convention d'hypothèque qui portant sur la chose d'autrui (caution réelle miseà part, bien entendu) porterait sur le néant. Telle est bien la pensée de MM. Aubry et Rau lorsqu'ils parlent de la propriété chez le constituant, comme de la condition de la possibilité légale de l'affectation hypothécaire de l'immeuble « à son défaut, ajoutent-ils, le contrat d'hypothèque est entaché d'une nullité absolue comme manquant d'objet ». Et l'argument ainsi formulé se développe de la sorte : la loi entend par « objet certain » une chose ou une prestation qui soit à la fois *in rerum natura*, dans le commerce et déterminée ou déterminable (cf. Baudry, *Cours de droit civil*, tome II, 2e édition, page 563) ce qui n'exclut pas, à la vérité, les choses futures ainsi que le dit l'art. 1130. al. 1er. Mais ici précisément la chose future, l'hypothèque sur biens à venir est prohibée, et l'hypothèque sur chose d'autrui n'en est qu'un mode : une telle hypothèque ne peut pas faire l'objet d'une convention valable alors même qu'elle ne tomberait pas d'ailleurs sous les termes de l'art. 1130, al. 2 comme pacte sur succession future.

MM. Baudry-Lacantinerie et de Loynes, dans leur *Traité théorique et pratique du Code civil* tome II, p. 371 et suiv. précisent encore mieux ce vice spécial qu'ils nomment « le défaut d'objét licite ».

« Il semble indispensable, disent-ils, que la convention (dont s'agit) ait un objet licite. C'est ainsi que la prohibition écrite dans l'art. 1130 des pactes sur succession future entraîne, dans l'opinion générale, la nullité radicale ou l'existence de semblables conventions. Or l'hypothèque de la chose d'autrui tombe sous le coup d'une prohibition de même nature. L'art. 2129 interdit en effet l'hypothèque des biens à venir. L'hypothèque de la chose d'autrui ne peut pas donner naissance actuellement à un droit réel, ce droit n'existera que si le constituant devient propriétaire de la chose hypothéquée. La convention s'analyse en réalité dans l'hypothèque d'un bien à venir. Elle est donc prohibée par l'art. 2129. Si elle a un objet, cet objet est illicite. Elle est frappée du nullité radicale ou d'inexistence ».

La constitution d'hypothèque de la chose d'autrui est donc nulle radicalement faute d'objet.

Certains auteurs ont même été plus loin dans l'étude de ce point spécial, et ont essayé de démontrer qu'alors même que l'hypothèque de la chose d'autrui ne tomberait pas comme hypothèque sur chose future, permise, à la vérité, par l'art. 1130 al. 1, mais prohibée par l'art, 2129 al. 2, il faudrait néanmoins la proscrire par cette présomption qu'elle pourrait contenir un pacte sur succession future défendu par l'art. 1130 al. 2, dont l'art. 2129 présenterait le reflet dans sa prohibition de l'hypothèque des biens à venir.

Nous lisons en effet, dans le Supplément au Répertoire de Dalloz, volume 14, p. 141, n° 777. « Dans la constitution d'hypothèque sur un immeuble d'autrui, même spécialement déterminé, la stipulation sur succession future peut être implicite sans se révéler d'une manière expresse. Et il se peut d'ailleurs que la prohibition d'hypothèquer les biens à venir ait été inspirée au législateur aussi bien par le désir d'empêcher les stipulations de ce genre que par l'intention d'éviter les hypothèques générales. S'il en est ainsi, cette prohibition s'oppose d'une manière absolue à toute constitution d'hypothèque sur la chose d'autrui, et la nullité d'une pareille convention doit pouvoir être invoquée même par le constituant ».

L'auteur répond d'une façon assurément originale et qui nous a paru lui être propre à l'objection que l'on a faite aux partisans de la doctrine que nous exposons en détail, savoir : que le principe de la spécialité peut être respecté lorsque l'on hypothèque la chose d'autrui dès lors que l'immeuble est décrit dans l'acte quant à sa « nature » et quant à sa « situation ».

« Même spécialement déterminé » l'immeuble d'autrui ne peut faire l'objet de notre hypothèque, car il peut voiler un pacte sur succession future interdit comme tel.

Donc, la doctrine, pour des motifs divers, considère l'hypothèque de la chose d'autrui comme frappée d'une nullité radicale, irréparable et d'ordre public.

Et voici les conséquences de ce principe :

A. Tout d'abord, si le constituant devient plus tard propriétaire par voie d'acquisition, de donation ou de succession de l'immeuble qu'il a hypothéqué lorsqu'il appartenait à autrui, il pourra quand même, s'il y trouve intérêt, se prévaloir contre le créancier hypothécaire de la nullité du contrat d'hypothèque.

M. Flandin, admettait, nous l'avons vu, que la question, intéressante à Rome, n'était que purement théorique dans notre législation où le créancier hypothécaire ainsi leurré pouvait riposter en réclamant une autre hypothèque, cette fois bonne et valable, et agir, à défaut de cette garantie, en restitution immédiate de la dette, par application de la déchéance du bénéfice du terme pour diminution des sûretés, inscrite dans l'article 1188.

Mais l'intérêt de la question peut néanmoins apparaître, même de nos jours, lorsque le débiteur, que nous supposons toujours sans argent, n'a pas d'immeubles pour répondre de sa dette : car alors la question s'agite entre le créancier hypothécaire et ceux auxquels des droits auraient été consentis sur la chose et qui se sont conformés à la loi pour les conserver. Ceux-là peuvent aussi agir en nullité de l'hypothèque et la question doit être examinée à un double point de vue, car ces tiers peuvent être de deux sortes:

1° Ceux qui tiennent leurs droits du vrai propriétaire, et 2° ceux qui les tiennent du constituant ; ses acquéreurs, par exemple, depuis qu'il est devenu propriétaire.

1° Pour ceux qui tiennent leurs droits du vrai propriétaire avant que la propriété ne se soit fixée sur la tête du constituant, il n'y a pas de question car pour eux comme pour leur auteur l'hypothèque est inexistante.

2° Mais *quid* de celui à qui le constituant a vendu l'immeuble depuis qu'il en est devenu propriétaire ?

Pourra-t-il agir en nullité de l'hypothèque consentie par son auteur lorsqu'il n'était pas encore propriétaire? Ou devra-t-il respecter l'hypothèque consolidée ?

Les partisans de la doctrine que nous exposons lui accordent l'action en nullité de l'hypothèque dont s'agit. Et c'est la conséquence logique du système absolu qu'ils défendent ; mais la solution sur laquelle nous reviendrons, ne laisse pas que d'étonner.

En effet « *nemo plus juris ad alium transferre potest, quam ipse habet* » et l'acquéreur que l'on fait triompher est loin d'être aussi intéressant que le créancier hypothécaire trompé malgré lui, tandis que le registre des inscriptions a fait connaître évidemment l'existence du créancier hypothécaire à notre acquéreur.

Les auteurs sont loin de s'accorder toutefois sur le droit du débiteur d'agir en nullité de l'hypothèque qu'il a sciemment consentie sur le bien d'autrui.

C'est ainsi que MM. Aubry et Rau, t. III, p. 264, note 10 de leur Cours de droit civil français exceptent le cas de mauvaise foi chez le constituant coupable alors de stellionat (1). Le créancier hy-

1. MM. Baudry-Lacantinerie et De Loynes hésitent au contraire à apporter cette exception au principe qu'ils admettent comme tellement absolu que les tribunaux doivent l'appliquer même d'office (*Op. cit.*, p. 379).

pothécaire aurait le droit de demander reconventionnellement des dommages-intérêts pour le préjudice que lui causerait la demande en nullité de l'hypothèque, formée par le constituant.

La solution est naturellement étendue du constituant à ses ayants-cause (nous l'avons vu pour ses acquéreurs) et à ses héritiers (*Cf.* Aubry et Rau, t. III, p. 266, p. 263, note 8. Laurent, t. XXX, n° 470. Thézard, n° 50. Baudry-Lacantinerie, t. III, n° 1284).

S'il est permis au constituant d'agir en nullité de l'hypothèque consentie sur la chose d'autrui, il va de soi que le créancier hypothécaire peut *à fortiori* prendre les devants et demander une autre hypothèque ou son paiement.

D'autre part, la constitution d'hypothèque sur la chose d'autrui n'est d'aucun effet à l'encontre du vrai propriétaire ou de ses ayants cause. Nous n'y insistons pas.

B. Nous venons d'exposer les solutions de la doctrine pour l'hypothèse où le constituant *non dominus* lors de l'acte hypothécaire a engagé la chose d'autrui purement et simplement.

En sera-t-il de même lorsque le constituant aura hypothéqué l'immeuble sous la condition qu'il en deviendrait plus tard propriétaire ?

La doctrine le pense encore et voici pourquoi :

l'hypothèque constituée sous la condition qu'on deviendra plus tard propriétaire de l'immeuble qu'elle grève semblerait permise par l'art. 2125 qui prévoit le cas des hypothèques soumises à une condition suspensive ou résolutoire parce qu'elles émanent d'un propriétaire dont le droit est lui-même suspendu ou résoluble par l'événement de cette même condition : mais précisément ce n'est pas l'hypothèse ; l'on ne peut pas parler d'un droit, si fragile soit-il, chez le constituant, ni même d'un droit éventuel ; l'immeuble est celui d'autrui, et le débiteur n'est riche que d'espérance. Or l'espoir le mieux justifié ne peut être pris en considération dans l'espèce.

Si nous supposons, par exemple, que le débiteur a tout lieu de compter, pour devenir propriétaire sur l'effet d'une donation qui lui a été promise, encore est-il que tant que cette donation ne sera pas faite, on ne peut raisonnablement l'escompter, car rien n'est plus changeant que la volonté d'un donateur, quand la mort n'empêche pas à jamais l'exécution d'une intention libérale !

D'ailleurs nous devons reconnaître que la doctrine, pour être logique avec elle-même ne peut admettre l'hypothèque sous la condition « si je deviens propriétaire », car ce serait admettre sous cette forme une hypothèque sur chose future et nous savons que l'on donne aux termes de l'article 2129, al. 2 « biens à venir », le sens le plus extensif.

Si telle est la solution pour le cas d'une condition expressément stipulée, elle ne saurait varier lorsque cette condition est implicite et qu'elle résulte d'un état de fait, car l'on rentre alors dans le cas précédent d'une constitution pure et simple d'hypothèque sur la chose d'autrui dont on devient plus tard propriétaire.

C. La doctrine trouve enfin l'application de ces principes dans la question de l'hypothèque consentie par un porte-fort, que nous allons examiner.

Et voici d'abord l'hypothèse : Je n'ai pas d'immeuble sur lequel je puisse donner hypothèque pour parvenir à contracter l'emprunt qui m'est nécessaire. Mais un de mes amis serait tout disposé à effecter l'un de ses biens à la garantie de ma dette s'il savait que cela pût m'être utile. Malheureusement, il est absent. Le temps presse et dans l'impossibilité où je suis d'obtenir l'assentiment de mon ami, je donne hypothèque sur son bien en me portant fort de la ratification postérieure de la sûreté ainsi consentie.

La convention est valable, cela ne fait pas de

doute en présence de la disposition de l'art. 1120 C. civ.

Certes, si le propriétaire ne ratifie pas, il n'y aura rien de fait ; l'hypothèque n'existera pas. Mais s'il ratifie, sa ratification introduit dans la convention le consentement qui y manquait encore et l'acte équivaut à un mandat *Ratihabitio mandato æquiparatur*.

Mais la ratification produit, on le sait, un effet rétroactif.

Si donc l'hypothèque se trouvait validée avec cette rétroactivité, l'inscription prise en vertu de l'acte primitif assurerait l'efficacité de cette sûreté, sans qu'il soit besoin d'en requérir une autre.

Et voici l'intérêt de la question : supposons que le propriétaire, avant de ratifier et dans l'ignorance où il se trouve de l'acte du porte-fort, vienne à consentir lui-même une hypothèque sur son bien, puis qu'il ratifie ; les deux hypothèques consenties, l'une par le porte-fort, l'autre par le *verus dominus* ont été dûment inscrites.

L'effet rétroactif de la ratification va-t-il se produire de telle sorte qu'il consolide la première au détriment de la seconde ? Voilà la question que la doctrine résout en faveur du second créancier hypothécaire, celui du véritable propriétaire.

Pour justifier cette opinion voici ce qu'elle prétend avec Pothier (*Traité de l'hypothèque*, ch. I, sec. 2, § 2, n° 50) : « L'effet rétroactif, disait cet auteur, n'a lieu qu'entre le créancier et moi qui ai ratifié ce qui a été fait en mon nom ; mais il ne peut avoir lieu au préjudice des tiers qui ont acquis un droit d'hypothèque sur mes biens dans le temps intermédiaire. Car celui qui a contracté en mon nom n'ayant aucune qualité pour pouvoir m'engager et hypothéquer mes biens, ils ne l'étaient point avant que j'eusse ratifié et par conséquent je les ai valablement hypothéqués à ces créanciers intermédiaires, et il n'a pas dû dépendre de moi de les priver de ce droit d'hypothèque qui leur était acquis, en ratifiant un acte que j'étais le maître de ne pas ratifier ». (*Cf.* en ce sens, *Rép.*, n° 1230. Pons, t. II, n° 626. Aubry et Rau, t. III, § 266, p. 262, n° 6. Thézard, n° 50).

Pothier résolvait donc par la négative cette grave question que certains auteurs ont reprise et comprise depuis d'une façon différente, malgré l'autorité du célèbre jurisconsulte.

Il a paru que la question dût se résoudre par une distinction : la portée rétroactive d'un acte de ratification en général varierait selon qu'il s'agirait de droits conférés antérieurement dont le maintien pourrait ou ne pourrait pas se concilier avec le maintien des droits résultant de l'acte ratifié,

« La confirmation, disent MM. Aubry et Rau, rapportés par M. Garsonnet (Dalloz, 1876,1°, p. 97) a de sa nature un effet rétroactif au jour de l'acte confirmé avec lequel elle s'identifie, et si aux termes de la disposition finale de l'art. 1338, elle ne peut jamais préjudicier aux droits des tiers, cela doit s'entendre des droits tels que les tiers les avaient acquis. Or, les créanciers dont l'hypothèque est postérieure à celle qui avait été constituée en temps de minorité ne peuvent prétendre que la confirmation de cette dernière porte atteinte à leurs droits en leur enlevant l'avantage de la priorité de rang. Avertis qu'ils étaient de l'existence de cette hypothèque ils ont pu et dû s'attendre à la voir confirmer, puisqu'en constituant à leur profit une nouvelle hypothèque leur débiteur ne renonçait pas par cela seul à la faculté de confirmer celle qu'il avait précédemment consentie ».

En effet, dans notre hypothèse, les hypothèques consenties par le porte-fort et par le propriétaire peuvent coexister sur l'immeuble : il n'en serait pas de même de deux ventes par exemple.

Donc, l'effet rétroactif de la ratification doit être admis, car, conformément même à la doctrine de Pothier, on ne prive pas le deuxième créancier hypothécaire de ce droit d'hypothèque qui lui était acquis.

Mais cette distinction est elle-même critiquée fortement par M. Garsonnet qui répond (*eod. loc.*) « qu'importe qu'il s'agisse de deux droits compatibles l'un avec l'autre comme deux hypothèques, et non de deux actes conférant un droit qui ne peut appartenir qu'à une seule personne, comme la propriété ? Cette considération est indifférente car, dans un cas comme dans l'autre, il est vrai en droit et en équité que l'auteur de l'acte nul, s'est enlevé, en constituant de nouveaux droits, la faculté de confirmer les vices de son acte au détriment des droits qu'il a ultérieurement conférés. En second lieu, le droit d'hypothèque est un droit réel comme la propriété, donc un droit exclusif, et quand on dit que deux droits d'hypothèque peuvent exister sur une même chose, cela signifie que le débiteur peut conférer deux hypothèques ; mais non pas que la seconde puisse porter atteinte à la première. »

La citation vise l'hypothèse où un mineur aurait hypothéqué son immeuble en minorité d'abord, en majorité ensuite, puis aurait ratifié la première hypothèque : mais le raisonnement s'adapte parfaitement, *mutatis mutandis*, au cas du porte-fort que nous examinons.

Telles sont les solutions de la doctrine dans les trois principaux cas d'application de l'hypothèque constituée sur la chose d'autrui.

Section II (1). — *Jurisprudence.*

La jurisprudence met en pratique les principes de la doctrine que nous venons d'exposer.

Ce sont les mêmes arguments que nous retrouvons dans les motifs des arrêts des tribunaux et des Cours, aussi bien pour la question du constituant *non dominus* devenu plus tard propriétaire, que pour celle de l'hypothèque consentie a *non domino* sous la condition, si je deviens plus tard propriétaire.

La Cour de cassation, remarquons-le de suite, ne se sépare de la doctrine, et des solutions admises par certaines juridictions que sur la question du porte-fort.

Bornons-nous, quant à présent, à citer quelques arrêts typiques relatifs aux trois hypothèses que nous venons d'étudier.

Sur la première nous avons d'abord l'arrêt de la Cour de Bruxelles du 11 juin 1817, rapporté

1. Chapitre I.

par Merlin : « Questions de droit » au mot « hypothèque », § 4 *bis*, p. 494.

Nous avons vu que cet auteur en avait fait une longue critique, importante surtout par l'exposé du droit romain, qu'elle contenait.

Nous trouvons encore un arrêt de la Cour de Nancy du 30 mai 1843, rapporté au Dalloz. *Répertoire* : « Privilèges et hypothèques », volume 37, en note sous le n° 1192, page 345, affaire de Romécourt c. Vernon.

« Considérant, dit cet arrêt, qu'aux termes de l'art. 2129 du Code « il n'y a d'hypothèque conventionnelle valable que celle qui est donnée sur des immeubles actuellement appartenant au débiteur » ; que le même article ajoute « les biens à venir ne peuvent être hypothéqués. » Que ce texte est formel et que rapproché de la maxime de droit *quod ab initio non valet, tractu temporis convalescere non potest*, il n'est pas permis de douter qu'il y a nullité absolue et irréparable dans toute stipulation d'hypothèque portant sur le bien d'autrui. « Considérant que, pour combattre cette opinion, on a vainement cherché des arguments dans les analogies tirées du droit romain ; mais que ce droit, hérissé de difficultés nombreuses que faisait naître la diversité des actions et notamment la distinction subtile entre l'action directe, fondée sur le texte de la loi et l'action utile, accordée, en certains cas, par le prêteur, par des motifs d'équité, ne peut plus, de nos jours servir de base à la solution de la question actuelle. Que sous le Code civil, en effet, l'hypothèque et toutes les conditions qui la constituent sont de droit strict et non pas d'équité ; que de plus, le droit romain qui permettait d'hypothéquer conventionnellement les biens à venir, pouvait, par ce motif peut-être, se prêter à valider éventuellement une hypothèque stipulée à l'avance sur un bien dont on n'était pas encore propriétaire ; mais que le droit français qui, dans l'art. 2129 dont s'agit, a posé un principe contraire auquel il n'a apporté qu'une seule exception (celle édictée en l'art. 2130) ne peut pas admettre *de plano* une infraction à cette règle, ne peut pas valider la stipulation d'une hypothèque qui grèverait, par exemple, tout et chacun des immeubles à venir qu'on se plairait à désigner comme devant faire partie ou d'une donation que l'on convoite, ou d'une succession qui ne serait pas encore ouverte, mais que l'on espère recueillir ; qu'il suit de là que la prohibition de la loi d'hypothéquer les biens à venir doit être envisagée comme étant d'ordre public, c'est-à-dire de même nature que celle de l'art. 791, C. civ., qui défend d'aliéner à l'avance les droits éventuels d'une succession future ; qu'ainsi, il est erroné de soutenir que les dispositions de l'art. 2129 n'ont eu pour but que de mieux assurer la publicité et la spécialité de l'hypothèque (cet argument avait été opposé afin de pouvoir en conclure que la condition de publicité et de spécialité serait remplie par une inscription immédiate sur l'immeuble hypothéqué avant d'en être devenu propriétaire). Mais considérant sur ce point qu'une telle inscription qui grèverait, dès le jour même de la passation du contrat, les biens spécialement hypothéqués dont on espérait devenir propriétaire, créerait un droit exorbitant et exceptionnel, puisque le Code qui a permis, par exception unique l'hypothèque des biens à venir en cas d'insuffisance déclarée des biens présents, ne l'a fait qu'à la condition légitime que l'inscription ne pourrait être prise, avoir rang et effet, qu'au fur et à mesure des acquisitions successives du débiteur. Il y a donc nécessité d'en conclure que si la loi avait voulu créer une anomalie de droit contraire à cette sage disposition, elle n'aurait pas manqué de le dire par un texte formel ; que la loi ne l'ayant pas fait, il faut décider que les termes si précis et si clairs de l'art. 2129 frappent d'une nullité absolue, toute hypothèque stipulée sur des biens non actuellement appartenant au débiteur, et qu'il n'y a pas lieu d'admettre ici la distinction par trop subtile qu'on a cherché à découvrir entre la nullité et l'inefficacité temporaire d'une semblable hypothèque ».

Cet arrêt pose nettement la question de principe et englobe à la fois dans ses conclusions l'hypothèse où le constituant *non dominus* le devient plus tard et celle où il y a hypothéqué sous la condition qu'il deviendrait plus tard propriétaire.

Un autre arrêt de la Cour de Dijon du 25 avril 1855 rapporté dans Dalloz 1855. 2. 218, complète le précédent en basant la nullité de l'hypothèque sur la chose d'autrui, même au cas où la propriété vient à se fixer plus tard sur la tête du constituant « sur cette simple raison que tout notre système hypothécaire reposant sur la plus entière publicité la nullité primitive et apparente pour tous, par le fait de l'inscription, ne peut être couverte que par un acte nouveau, rendu apparent pour tous également et par la même publicité ».

Si nous avons tenu à citer ces deux arrêts plutôt que d'autres c'est qu'ils nous ont paru apporter dans la question débattue par la doctrine un élément nouveau : le principe da la « publicité. »

La doctrine, nous l'avons vu, paraît se retrancher presque exclusivement derrière l'art. 2129, c'est-à-dire derrière le principe de la « spécialité ».

Or, l'on pourrait songer à tourner la prohibition de l'hypothèque sur la chose d'autrui nulle comme ayant un caractère général, en spécialisant nettement l'objet de la convention dont le seul vice seraitalors d'appartenir à autrui. Mais on n'échapperait pas d'après ces arrêts à la nullité résultant du défaut de publicité : car l'inscription prise lors de la constitution d'hypothèque sur la chose d'autrui est nulle comme telle et lors même que l'hypothèque pourrait être convalidée par un événement postérieur à sa constitution, ce qui n'est pas admis dans l'espèce, cela ne couvrirait pas le vice de l'inscription primitive, le défaut de publicité. (C. civ. 2134).

Sur la question de l'hypothèque consentie par un porte-fort nous avons l'arrêt de Cassation dont nous avons fait prévoir les termes.

Cet arrêt rendu par la Chambre civile de la Cour suprême le 13 décembre 1875 sur pourvoi formé contre un arrêt de la Cour de Besançon, est rapporté au Dalloz 1876.1., p. 101. Le jugement primitif dont l'appel avait été relevé devant la Cour de Besançon émanait du tribunal de Beaume-les-Dames et portait la date du 9 juillet 1873 (cf. même répertoire, même volume page 99) ; il s'exprimait ainsi : « Attendu qu'aux termes de l'art. 2124 Cod. civ., l'hypothèque conventionnelle ne peut être consentie sur un immeuble que par le propriétaire ou ceux qui le représentent ; qu'ainsi l'hypothèque de la chose d'autrui est nulle, de même que la vente faite a *non domino* ; attendu qu'à la vérité on peut, dans le contrat, promettre le fait d'un tiers et se porter-fort pour lui (C. civ. 1128) mais que cette clause de porte-fort, bien que susceptible de ratification de la part d'un tiers au nom de qui la promesse a été faite, ne l'engage en aucune manière et est pour lui *res inter alios actà* ; que la ratification seule produit cette effet, et que, jusque-là il n'y a d'engagé que celui qui s'est porté-fort et a promis cette ratification ; qu'ainsi spécialement, nonobstant la clause de porte-fort l'hypothèque de la chose appartenant à un tiers est absolument nulle et sans valeur jusqu'à la ratification par ce tiers ; que cette ratification donne seule à l'hypothèque une existence légale et en forme le titre générateur ; d'où la conséquence qu'elle ne peut avoir lieu que par acte notarié (C.civ. 2127) et qu'elle doit être inscrite pour prendre rang seulement à partir de cette inscription (2134)... »

C'est cette jurisprudence que la Cour de cassation a réfutée par ces motifs : « Attendu qu'aux termes de l'art. 1120 C. civ. on peut se porter fort pour un autre ; qu'on peut conférer, en cette qualité, hypothèque sur les biens de celui qu'on oblige, sauf ratification ; attendu que, dans l'espèce, étant survenue la ratification sus-énoncée l'hypothèque a été valablement constituée et que, par application du principe de rétroactivité de la ratification à l'acte ratifié, l'inscription prise en vertu de l'acte consultatif de l'hypothèque a produit son effet du jour de sa date, vis-à-vis des créanciers qui n'avaient pas d'inscription valable avant la ratification ; attendu que l'arrêt attaqué, en déclarant que l'acte de ratification était le titre générateur du droit hypothécaire lui-même et que son inscription particulière était nécessaire, a méconnu et violé les articles de loi sus-énoncés. Par ces motifs, casse. »

Cet arrêt très important sur la question de principe est en opposition complète avec la jurisprudence ordinaire non seulement des tribunaux et Cours d'appel, mais de la Cour de cassation elle-même en matière d'hypothèque de la chose d'autrui.

Nous n'en relevons pas ici les motifs dont nous reparlerons avec quelque développement au chapitre suivant. Qu'il nous suffise de remarquer que cette solution donnée par la Cour de cassation à la question du porte-fort paraît ébranler singulièrement l'idée fondamentale des partisans de la nullité absolue de l'hypothèque de la chose d'autrui à savoir que cette sûreté ainsi constituée n'a aucune existence, aucune efficacité même provisoire, et que rien ne peut la convalider.

Tout n'est donc pas en cette matière aussi solennel, c'est-à-dire aussi de droit strict qu'on le prétend ? Y aurait-il sur ce point spécial des accommodements avec l'ordre public tellement intéressé pourtant, par ailleurs, à la stabilité hypothécaire, que les solutions pratiques les mieux justifiées ne peuvent cependant être admises à l'encontre non pas de la lettre mais du vœu de la loi ? C'est ce que nous verrons plus loin.

Bornons-nous pour terminer cet exposé des principes de la doctrine et de la jurisprudence à constater l'unanimité presque parfaite des auteurs et des arrêts contre l'admission de l'hypothèque de la chose d'autrui.

Loin de nous, assurément, la pensée de prétendre à changer le cours des idées admises en cette matière, mais puisqu'une thèse ne doit pas être un exposé sans nouveauté d'idées connues, mais une discussion serrée et loyale de la question qui en forme le sujet qu'il nous soit permis de dire avec quelques bons auteurs d'ailleurs et quelques arrêts, que l'on peut critiquer non sans raisons les motifs exposés par nous dans ce premier chapitre, et aboutir à des conclusions opposées à celles que l'on prétend baser sur l'article 2129.

CHAPITRE II

A. CRITIQUE DES MOTIFS INVOQUÉS PAR LA DOCTRINE ET PAR LA JURISPRUDENCE DANS LA THÈSE DE LA NULLITÉ ABSOLUE DE L'HYPOTHÈQUE SUR LA CHOSE D'AUTRUI. — B. NOS MOTIFS PERSONNELS.

Reprenons pour les critiquer les arguments de la Doctrine et de la Jurisprudence.

A. — *Critique*

A les bien analyser il sont de trois sortes :

a) les uns sont d'ordre littéral et s'appuient sur le texte même de l'article 2129 Code civil.

b) les autres sont d'ordre historique et s'appuient sur la différence profonde qui séparerait les institutions romaines où l'hypothèque de la chose d'autrui était admise en principe, des nôtres où elle ne l'est pas.

c) les derniers sont d'ordre rationnel pur ou théorique et reposent sur l'esprit de l'art. 2129 Code civil.

a) Il faudrait interpréter tout d'abord les termes « actuellement appartenant au débiteur » et jusqu'aux mots « il n'y a que... » de l'art. 2129, comme une formule prohibitive » de la dernière énergie ; comment admettre dès lors qu'un bien qui n'appartiendrait pas actuellement au débiteur fût susceptible d'être hypothéqué par convention? L'objection appelait une réponse que Merlin a faite dans ses *Questions de droit* (V° hypothèque § IV *bis*, VI) et à laquelle nous nous associons entièrement :

« Les termes « *appartenant actuellement au débiteur* » dit-il, ne sont pas placés dans l'art. 2129 comme établissant une condition expresse de la validité de la stipulation d'hypothèque. Cet article ne présente comme condition expresse de cette validité que la déclaration spéciale dans un acte authentique de la nature et de la situation des immeubles que l'on veut hypothéquer : il suppose bien que ces immeubles appartiennent au débiteur et c'est ce qu'il faut entendre par ces mots « actuellement appartenant » mais supposer n'est pas disposer ».

La question de l'hypothèque de la chose d'autrui

est donc entière et c'est bien ce qu'a senti l'un des partisans de la doctrine adverse, M. Martou lorsqu'il écrit dans son *Commentaire des privilèges et hypothèques* vol. III, p. 103, n° 1002, « l'hypothèque, a dit le rapporteur de la Commission de la Chambre des représentants (1er rapport de M. Lelièvre, loi de 1851) ne pouvant être établie que sur des biens appartenant actuellement au débiteur, il s'ensuit que l'hypothèque consentie sur la chose d'autrui serait nulle, alors même que celui qui l'a promise deviendrait ensuite propriétaire de l'immeuble. En présentant l'article tel qu'il est rédigé, la Commission tranche en ce cens une difficulté qui s'était élevée à cet égard et notre opinion sur ce point résulte évidemment du texte légal exigeant que l'immeuble appartienne au débiteur lors de la constitution d'hypothèque et défendant d'affecter les biens à venir... » « J'approuve pleinement, ajoute M. Martou, l'opinion exprimée par M. le rapporteur Lelièvre, mais je m'étonne qu'il ait pu affirmer que la Commission en adoptant l'article tel qu'il est rédigé, a tranché la difficulté. L'article ne diffère en rien de l'art. 2129 du Code Napoléon, et dès lors la controverse continue, car, en l'absence de textes exprès, les énonciations d'un rapport, quelque catégoriques qu'elles soient, n'ont qu'une autorité purement doctrinale ».

Nous ne retenons de cette citation que la dernière phrase qui est entièrement à notre avantage. En effet « si la controverse continue » sur le sujet qui nous occupe c'est que l'art. 2129, de l'aveu même de nos adversaires n'est pas si clair, si formel et si prohibitif qu'on le prétend et qu'il nous est permis de le comprendre d'une façon contraire à l'opinion courante.

C'est donc, à nos yeux, du principe de la spécialité de l'hypothèque conventionnelle, et de ce principe seulement qu'il a été question dans l'art. 2129 ; et nous en trouvons la preuve dans les travaux préparatoires du Code civil que nous citerons plus loin.

Le législateur n'a pas réglé la question de l'hypothèque de la chose d'autrui. Il n'a pensé qu'à combattre l'idée de la généralité de l'hypothèque conventionnelle et à faire triompher l'idée contraire de la spécialité. On aurait pu tourner la règle du Code par l'hypothèque des biens à venir, aussi le législateur en parle-t-il pour la prohiber en général et ne la permettre que dans des cas déterminés. Mais il n'a rien dit de l'hypothèque de la chose d'autrui et il n'a pas eu, croyons-nous, l'intention de la comprendre parmi l'hypothèque des biens à venir qu'il interdisait.

b) Les arguments d'ordre historique que l'on

nous propose tendent à démontrer que les solutions romaines et celles de l'ancien droit ne se sont pas reflétées dans l'esprit des rédacteurs du Code et que le système de l'art. 2129 est entièrement nouveau en ce sens qu'il n'admet plus l'hypothèque jadis admise de la chose d'autrui.

Sans entrer encore dans l'exposé des idées romaines que nous verrons par la suite nous pouvons répondre dès maintenant que ces idées dominaient encore la question du début du siècle, puisque lors de l'arrêt de la Cour de Bruxelles du 11 juin 1817 que critique Merlin dans ses questions de droit, on les invoquait encore à la barre des tribunaux.

Les solutions romaines ont-elles été tout au moins de tradition constante dans l'ancien droit ?

Il faut le penser avec Troplong qui écrit au t. II de son « Droit civil expliqué », n° 523, page 275 : « ces principes étaient ceux de l'ancienne jurisprudence française. Il existe à cet égard un arrêt du Parlement de Paris du 14 août 1601 : Guillaume Marchand, tuteur d'Anne Marchand sa fille, engagea à un de ses créanciers une maison appartenant à cette dernière. Mais, plus tard, ayant succédé à sa fille, il fut question de savoir si, au moyen de son adition d'hérédité, l'hypothèque était convalidée. On jugea l'affirmative entre le sieur de

Serizy d'une part, et le sieur Chauvin de l'autre ». (*Cf.* automne, conf. du droit français avec le droit romain, sur la loi, 22, D. de pign. act. Bouguier p. 182, édition de 1738, Merlin, p. 443, *op. cit.*) « Pourquoi, ajoute l'auteur, cette décision et celle des lois romaines ne trouveraient-elles pas leur application sous le Code Napoléon.... Je trouve même qu'il y a plus de raison pour le décider ainsi sous le Code Napoléon que sous l'ancienne jurisprudence ».

Mais il serait insuffisant de s'appuyer sur la tradition, s'il était prouvé que, le grand principe nouveau de la spécialité mis à part, les rédacteurs du Code eussent pu avoir l'intention de ne pas la suivre et d'innover en notre matière.

C'est ici qu'il nous faut les suivre pas à pas dans les travaux préparatoires.

Or, qu'y voyons-nous? sinon que les législateurs de 1804 ne prétendirent instaurer alors que le double principe de la spécialité et de la publicité des hypothèques conventionnelles. Dans leurs discussions au sein du Conseil d'Etat, et dans les discours que prononcèrent certains commissaires devant les Assemblées législatives la question de l'hypothèque de la chose d'autrui ne fut même pas soulevée.

La prohibition de l'hypothèque des biens à venir, nous le démontrerons ultérieurement, ne fut qu'un corollaire de l'art. 2129, et le sens de cette prohibition ne fut pas celui que la doctrine et la jurisprudence lui prêtent.

Peut-être serait-il bon de remarquer à propos des Travaux Préparatoires du titre du Code civil dont nous parlons, que la commission délibérante au sein du Conseil d'Etat était assez divisée.

Certains membres, Treilhard en tête, soutenaient vigoureusement les nouvelles doctrines inspirées de la loi de brumaire an VII, que d'autres, guidés par Bigot-Préameneu et Tronchet, combattaient. Certains enfin, tels que Portalis et Malleville hésitaient entre les deux partis. Le consul Cambacérès admettait en principe la loi de brumaire an VII, mais il voulait qu'on en tempère l'application à certaines hypothèques légales (1).

Pourtant le nouveau projet et les idées de brumaire finirent par triompher et ce fut Treilhard qui fut chargé de la présentation du titre au corps législatif.

Les opinions de ce jurisconsulte sont donc bien celles du Code en la matière, et nous devons les citer avant toutes autres.

1. *Cf.* Locré, tome XVI. p. 53, 54.

Or, dans la séance du Conseil d'Etat du 7 pluviôse an XII, nous voyons Treilhard intervenir dans la discussion et dire : « On reproche encore à la loi du 11 brumaire de ne permettre d'hypothéquer que sur les biens actuels. C'est une assurance de plus donnée aux honnêtes gens et un moyen de moins pour la mauvaise foi. On ne traite jamais avec sûreté que sur des biens présents ; les biens à venir sont trop incertains ».

C'est donc les biens à venir incertains qui préoccupent le législateur et non ceux qui sont parfaitement connus des parties contractantes lors de la constitution d'hypothèque et qui n'apparaissent nullement comme un « moyen pour la mauvaise foi. » (*Cf.* Fenet, tome XV, p. 273) ; et le même orateur s'exprime ainsi dans la séance du même Conseil du 19 pluviôse an XII, « en considérant les choses dans leur essence, on aperçoit facilement que, sans la spécialité et sans la publicité de toute espèce d'hypothèques, l'hypothèque devient illusoire.

En effet, on ne prend un immeuble pour gage qu'afin d'assurer son paiement ; mais cette précaution devient illusoire si elle ne donne une entière sûreté. L'hypothèque cependant peut-elle avoir un tel résultat, lorsque celui qui prend cette garantie est hors d'état de vérifier la situation de celui avec lequel il traite. » (*Cf.* Fenet, tome XV, p. 307).

C'est toujours l'incertitude de l'hypothèque générale et celle de l'hypothèque *in globo* sur biens à venir qui apparaît comme trompeuse et il n'est jamais question de l'hypothèque de la chose d'autrui.

Donc, la tradition ininterrompue de Rome à l'ancien droit français, de l'ancien droit au Code civil nous induit à penser que dans le droit actuel l'hypothèque de la chose d'autrui n'étant pas prohibée formellement ni implicitement par la loi, n'est pas nulle et de nul effet comme le veulent la doctrine et la jurisprudence.

c) Venons donc aux arguments d'ordre rationnel, c'est-à-dire purement théoriques, les plus importants, il faut le reconnaître, si l'on veut bien admettre, avec nous, que le Code n'a pas résolu explicitement la question qui nous occupe et que les termes de l'art. 2129 ne la préjugent point.

Voici le premier d'entre eux : l'art. 2129 prohibe *in fine* l'hypothèque des biens à venir ; or, l'hypothèque de la chose d'autrui n'ayant aucune force actuelle ne vient à se consolider que plus tard, lorsque la qualité de propriétaire se fixe sur la tête du constituant ; c'est seulement alors que l'immeuble hypothéqué par lui compte dans son patrimoine, donc l'hypothèque de la chose d'autrui est une hypothèque sur bien à venir, et prohibée comme telle.

A cet argument, nous pouvons répondre que lorsqu'on parle de « biens à venir » il s'agit de s'entendre.

Lorsque l'art. 2129 vise de tels biens, il ne pense nullement à notre hypothèse. Le dernier paragraphe de l'art. 2129 ne doit pas être étudié isolément mais comme le développement logique, le corollaire du premier qui établit le principe de la spécialité. Les rédacteurs du Code, ne pensant qu'à la généralité de l'ancienne hypothèque conventionnelle, n'envisageaient les biens à venir qu'en général, *in globo,* c'est-à-dire comme la masse essentiellement incertaine des biens qui pouvaient échoir au constituant.

Dès lors il leur apparaissait que de tels biens n'étaient pas susceptibles d'être définis ni spécialisés dans l'acte hypothécaire et qu'ils ne pouvaient en conséquence faire l'objet d'une hypothèque conventionnelle, donc spéciale. Mais alors que le bien donné en hypothèque est parfaitement connu des parties contractantes et décrit dans l'acte, où voit-on que le principe de la spécialité puisse être battu en brèche par l'hypothèque de la chose d'autrui ? (1) :

M. Gillard, dans sa thèse sur l'hypothèque conventionnelle, page 282, arrive à cette même conclusion par une analyse ingénieuse de l'art. 2130. « Il suffit, dit-il, de lire l'art. 2130 pour voir qu'il y est question d'un cas exceptionnel où il est permis d'hypothéquer des biens à venir envisagés collectivement, des biens qui ne sont pas nommément déterminés dans l'acte constitutif. Cette exception, loin d'ébranler notre système, lui donne une force nouvelle, car elle montre que la règle à laquelle elle déroge n'a trait qu'à l'hypothèque *in globo,* en masse, des biens à venir.

Si, en effet, l'exception laisse en dehors d'elle le cas où il y a désignation précise de l'immeuble futur dans l'acte constitutif c'est, à n'en pas douter, parce que la règle est étrangère à ce cas. »

Les travaux préparatoires du Code civil sont d'ailleurs en faveur de notre opinion.

« On ne proscrit, disait Treilhard en présentant notre titre au Corps législatif, on ne proscrit que la clause d'affectation générale sans désignation particulière, parce que cette clause ne présente aucune sûreté réelle et qu'elle est le plus souvent

1. *Sic.* M. Planiol, vol. 2. Récent ouvrage. *Traité élémentaire de droit civil,* page 819, note sous le n° 2791.

un piège tendu à la bonne foi. La défense d'hypothéquer en général les biens à venir est la conséquence de ce que je viens de dire ». (*Cf.* Fenet, t. XV, p. 464).

Le passage est capital pour nous car il est absolument contraire à la doctrine que nous combattons. « On ne proscrit que la clause d'affectation générale sans désignation particulière », c'est donc qu'on la permet si la désignation particulière est possible. (Cela ne fait d'ailleurs aucun doute puisque l'on peut hypothéquer conventionnellement tous ses biens présents à la condition de les désigner tous spécialement dans l'acte hypothécaire). Mais il y a mieux encore, puisque Treilhard parle plus loin de « la défense d'hypothéquer en général les biens à venir ». C'est donc que l'on peut concevoir une hypothèque spéciale de ces mêmes biens et que l'hypothèque générale proscrite ne peut se confondre avec l'hypothèque spéciale des biens à venir. Celle-ci est donc restée hors des prévisions de la loi. Comment alors ne pas l'admettre ?

Une autre objection a été que l'hypothèque de la chose d'autrui était nulle de nullité absolue, comme manquant d'objet.

Mais nous répondrons avec M. Colmet de Santerre au tome IX de son *Cours analytique de Code* civil, n° 92 *bis* IV, que « s'il semble au premier abord que la difficulté se rattache à la théorie de la confirmation des conventions, et qu'en conséquence elle doive se résoudre dans le sens de la négative, car on dirait que la convention manque d'objet, ce qui entraînerait sa nullité radicale et ne permettrait pas la confirmation par un événement ultérieur, la question à la vérité ne doit pas être placée sur ce terrain ; il ne s'agit pas là d'une véritable nullité de la convention, ni surtout d'une nullité fondée sur le défaut d'objet ; la convention réunit bien toutes les conditions requises pour la validité des conventions en général, l'objet notamment est parfaitement déterminé, il n'est pas hors de commerce, seulement celui qui veut constituer un droit réel sur l'immeuble n'a pas la disposition de cet immeuble ; il y a un manque de pouvoirs, il n'y a pas absence d'objet ». Et le même auteur ajoute plus loin : « n'est-il pas plus juridique de décider que la convention est sans effet parce que le consentement émané *à non domino* ne peut pas avoir d'action sur la chose, mais que cet obstacle cessant, la convention produit l'effet qu'elle devait avoir dans l'intention des parties ».

Il est difficile, à notre avis, de ne pas se ranger à l'opinion du savant auteur et nous estimons qu'elle répond à cette autre forme de la même objection qui consiste à exiger la qualité de propriétaire dans la personne du constituant, car c'est « une condition de la possibilité légale de l'affectation hypothécaire en soi ». A défaut de quoi « l'hypothèque manque de matière ou d'assiette et est entachée d'un vice substantiel (Cf. Aubry et Rau, tome II, p. 271, édit. 1865.)

Où a-t-on vu cette condition spéciale de validité de la convention d'hypothèque ? Probablement encore dans l'article 2129, dont le sens caché devient plus important que le sens apparent !

De même MM. Baudry-Lacantinerie et de Loynes (*op.cit.*) repoussent l'idée d'hypothèque sur la chose d'autrui, comme fondée sur un « objet illicite ».

L'article 1108 se borne, nous semble-t-il, à exiger que l'objet des conventions soit certain. Mais nous voulons bien concéder que dans l'espèce le contrat d'hypothèque et le contrat de prêt dont il est ordinairement l'accessoire forment un tout dans lequel l'obligation du constituant sert de cause à celle du prêteur et réciproquement. Or comme la cause des contrats doit être licite, il faut en conséquence que l'obligation du constituant ait un objet licite, et l'on prétendrait que la chose d'autrui ne présente pas ce caractère. Il resterait à le prouver, car toute la question est de savoir si l'art. 2129 prohibe dans son silence, l'hypothèque de la chose d'autrui. Or notre opinion est précisément que la prohibition n'est pas formelle d'abord et qu'elle ne résulte pas ensuite de l'esprit de la loi. Dès lors notre hypothèque n'apparaît plus comme illicite et suffit à baser la convention des parties.

Nous avons mentionné l'opinion dans laquelle l'article 2129 se trouve être en quelque sorte, par la généralité de ses termes, un cas d'application de la prohibition des pactes sur succession future écrite dans l'article 1130, al. 2.

Il nous est facile de répondre qu'il ne suffit pas de présumer que l'hypothèque de la chose d'autrui doit voiler une telle convention, pour la proscrire; et nos adversaires, eux-mêmes, partagent à cet égard notre avis puisque M. Flandin (*op. cit.*) reconnaît qu'avec cette théorie il faudrait même prohiber l'hypothèque des biens à venir dans le cas où la loi (art. 2130) l'autorise. Donc pour nous la nullité de l'hypothèque de la chose d'autrui, encore qu'elle soit une nullité véritable, n'est assurément pas absolue; nous ne le considérons point comme d'ordre public.

En effet, si, comme on le prétend, le législateur n'avait pas voulu considérer le contrat d'hypothèque comme un contrat d'intérêt privé (nous savons qu'à Rome il en était ainsi) s'il avait prétendu l'ériger en un contrat « d'ordre supérieur » comment ne l'aurait-il pas dit? Or nous remarquons avec MM. Colmet de Santerre et Guillouard (*op. cit.*) que loin que la question ait été tranchée au Code, nous manquons même en la matière d'un simple texte prohibitif comme l'art. 1599 au titre de la vente. Est-il admissible dès lors que la loi ait introduit une modification aussi importante sans le dire clairement?

Ne devons-nous pas en conclure qu'une nullité absolue, d'ordre public, ne peut résulter de l'inobservation d'une condition (d'ailleurs tacite) d'un contrat d'ordre privé? Prétendra-t-on trouver une marque de l'annoblissement du contrat d'hypothèque dans la formalité nécessaire d'un acte solennel pour sa constitution? Nous ne le pensons pas car les deux questions ne sauraient se confondre et en tout cas le législateur aurait pu, encore une fois, traduire sa pensée plus clairement.

Ceci posé, il ne nous est plus difficile de répondre à l'argument de la jurisprudence qui tire la nullité de l'hypothèque de la chose d'autrui du prétendu défaut de publicité qui la vicierait à sa naissance.

Si nous admettons, en effet, que l'hypothèque de la chose d'autrui n'est pas nulle de nullité absolue, donc inexistante, qu'elle est susceptible de produire des effets, le fait qui la convalidera plus tard en effaçant l'imperfection qu'elle présentait, produira cette première conséquence de donner rétroactivement à l'inscription primitive son plein effet, sans qu'il soit besoin de prendre une inscription nouvelle d'un prétendu droit hypothécaire nouveau.

Pour employer le langage de la Cour de cassation dans la matière de l'hypothèque constituée par un porte-fort, c'est la constitution primitive d'hypothèque, jusqu'alors inefficace peut-être, mais existante comme acte juridique qui sera le « titre générateur » du droit hypothécaire lui-même.

Alors notre hypothèque échappe pour nous, aussi bien au vice résultant du défaut de spécialité, qu'à celui résultant du défaut de publicité.

La critique peut donc faire justice, semble-t-il, des allégations de la doctrine et de la jurisprudence en cette matière.

Il paraît établi que l'on a dépassé la lettre et l'esprit de l'art. 2129. Alors que le législateur a parlé indubitablement de la spécialité, on croit pouvoir dire qu'il a réglé dans le sens de la négative la question de l'hypothèque de la chose d'autrui. Il aurait même créé de toutes pièces et exigé sans en rien dire une condition substantielle spéciale à la convention d'hypothèque : la qualité de propriétaire chez le constituant.

Pourtant hors des conditions de l'art. 1108 on n'en reconnaît qu'une, également substantielle, en notre matière : l'observation des formes prescrites par la loi dans le contrat solennel qui nous occupe ».

Mais comme le remarque M. de Colmet de Santerre (*op. cit.*, liv. IX, n° 92 *bis*, IV, *in fine*), « l'absence de la propriété sur la tête du constituant n'est certainement pas un vice de forme, et ce n'est pas en vertu des règles sur la forme de la constitution d'hypothèque qu'on peut annuler l'hypothèque de la chose d'autrui ».

Le législateur enfin aurait érigé en contrat d'ordre supérieur, mais sans en parler, le contrat d'hypothèque !

Il ne nous paraît pas probable qu'une réforme aussi considérable puisse s'opérer par voie de déduction.

Si donc nous n'admettons pas les raisons de la doctrine et de la jurisprudence, sur quels motifs basons-nous notre opinion personnelle et quelles conséquences pratiques en tirons-nous ?

B. — *Nos motifs.*

Nos motifs sont de trois sortes : historiques, pratiques et théoriques.

Nous prétendons démontrer que les effets de l'hypothèque de la chose d'autrui doivent être admis aujourd'hui, comme ils l'étaient à Rome et dans l'ancien droit, et que les différences des institutions anciennes et modernes ne suffisent pas à justifier les conséquences que l'on en a tirées.

En second lieu le crédit immobilier nous semble assez intéressé dans la question pour la dominer, alors que la doctrine et la jurisprudence en font abstraction complète et raisonnent en théorie pure.

Si l'on prétend alors que ces motifs, si respectables qu'ils soient, ne peuvent rien contre la loi qui nous régit, nous nous efforcerons d'établir que notre théorie ne va pas contre l'esprit du code et qu'elle trouve tant en doctrine qu'èn jurisprudence les meilleurs défenseurs.

Motifs historiques

Comme nous l'avons fait entendre au chapitre I de cette étude, nous nous autorisons des précédents de Rome et de l'ancien droit pour étayer notre doctrine. Nous avons laissé de côté les développements de la question importante de savoir si le droit romain a connu et admis l'hypothèque de la chose d'autrui. Le moment est venu de les reprendre.

Sans entrer dans la discussion serrée des textes romains qui se trouve dans les « *questions de droit* » de Merlin et dans le tome II du *Traité des Privilèges et hypothèques* de Troplong (le passage cité de l'ouvrage de M. Flandin en contient des extraits suffisants) il nous paraît intéressant de connaître à ce sujet les idées récentes des commentateurs et nous ne pouvons mieux les trouver que dans le livre tout inspiré des travaux allemands de notre maître M. Girard.

Nous voyons au chapitre III. § 1. note 5. page 747 de son *Manuel élémentaire de Droit Romain* qu'à Rome « l'hypothèque est certainement valable si elle est constituée sous la condition que le constituant deviendra propriétaire. » C'est en effet ce que dit Marcien au Digeste 20, 1. de Pign. 16.7, « *aliena res utiliter potest obligari sub conditione, si debitoris facta fuerit,* » et l'auteur ajoute qu' « on valide en conséquence comme faite sous condition tacite, soit l'hypothèque consentie par un individu sur une chose dont il est créancier : par exemple sur une chose qu'il a achetée, soit l'hypothèque des biens à venir.

C'est là doctrine de Papinien au Digeste 20. 1 de Pign. 1. pr. « *Conventio generalis in pignore dando bonorum vel posteà quæsitorum recepta est ; in speciem autem alienæ rei collata conventione, si non fuit ei qui pignus dabat debita, posteà debitori domino quæsito difficilius creditori qui non ignoravit alienum utilis actio dabitur, sed facilior erit possidenti retentio* ».

Il y a toutefois quelques difficultés sur la question de savoir si les Romains ont admis l'hypothèque consentie *a non domino* sans condition expresse ou tacite de ce genre. D'après M. Girard on paraît avoir fini par admettre qu'au moins quand le concessionnaire, c'est-à-dire le créancier hypothécaire croyait le constituant propriétaire au moment de la constitution, l'hypothèque devenait valable si le constituant acquérait plus tard la propriété de la chose, ou si le propriétaire héritait du constituant.

C'est bien la solution que Papinien paraît adopter au passage ci-dessus rapporté, et nous avons un texte de Modestin au Digeste 20. 1. de Pign. 22, pour l'hypothèse où le propriétaire vient à hériter du constituant. « *Si Titio qui rem meam ignorante me creditori suo pignori obligaverit, heres exstitero, ex post facto pignus directo quidem non convalescerit, sed utilis pignoraticia dabitur creditori* ».

Toutefois il convient de reconnaître avec Cujas (Observ. liv. I ch. XXVI) que le jurisconsulte Paul émettait, à la vérité, une opinion toute contraire (Dig. 13.7 de Pign. act. 41). « *Rem alienam pignori dedisti, deinde dominus rei ejus esse cœpisti. Datur utilis actio pignoraticia creditori; non est idem dicendum si ego Titio, qui rem meam obligaverat sine mea voluntate, heres exstitero; hoc enim modo pignoris persecutio concedenda non est creditori, nec utique sufficit ad competendam utilem pignoraticiam actionem, eumdem esse dominum, qui etiam pecuniam debet. Sed si convenisset de pignore, ut ex suo mendacio arguatur, improbe resistit, quominus utilis actio moveatur* ».

L'antinomie du texte de Modestin et du texte de Paul est certaine.

Les deux jurisconsultes se placent dans la même hypothèse où le débiteur constitue hypothèque sur le bien d'autrui et meurt et où le propriétaire devient héritier du constituant ; l'hypothèque était-elle validée par ce fait à l'égard de cet héritier qui représentant la personne du défunt ne faisait plus qu'un avec le constituant ? Nos textes répondent en sens contraire.

Toutefois le fait est expliquable si l'on convient avec Troplong *op. cit.* vol. 2. pages 284-285 que

Paul émettait bien l'opinion reçue de son temps, mais que Modestin qui lui était postérieur faisait remarquer au livre des « Différences » (entre la nouvelle et l'ancienne jurisprudence) que l'opinion de Paul était abandonnée. Or c'est de ce livre que la loi 22 est tirée . « *Modestinus libro septimo differentiarum* ».

C'est donc à la doctrine de Modestin qu'il faut s'arrêter comme exprimant le dernier état des choses.

M. Girard signale enfin un texte également divergent d'Africain (*Dig.* 20. 4. *Qui pot.* 9. 3.) mais comme le remarque notre auteur, la divergence n'est que d'apparence et se rattache à un développement historique de l'hypothèque à Rome.

Le texte est relatif à l'hypothèse où une femme hypothèque successivement à deux personnes différentes un bien dont elle n'est pas propriétaire, mais qui plus tard lui advient et fait l'objet de sa dot lors de son mariage. Les Romains admirent en effet qu'on pût hypothéquer deux fois le même immeuble et ce fut là un des avantages de l'hypothèque sur les sûretés réelles qui la précédèrent : l'aliénation fiduciaire et le gage.

Mais les commentateurs et notamment M. Dernburg « Pfandrecht I, p. 264, 2, p. 479, 482, supposent en s'appuyant sur notre texte et sur un passage de Gaïus (D. 20, I, De pign. 15, 2), que la seconde hypothèque fut d'abord regardée comme constituée sous la condition que le premier créancier serait désintéressé. Plus tard elle entraîna un droit présent immédiatement sanctionné par l'action hypothécaire (Marcien. Pig. 20, 4, *qui pot.* 12. 7).

Dans notre texte d'Africain, Titius le premier créancier étant désintéressé, la seconde hypothèque au profit de Mœvius devrait sortir son plein effet en nous plaçant dans la première phase du droit.

Mais il n'en est rien, car pour pouvoir hypothéquer un bien il faut en être « *in bonis* » (Marcien. Dig. 22, 3, de Proj. 23) et à aucun moment la constituante n'a eu cette qualité. Avant son mariage, lors de l'obligation hypothécaire, la femme n'était pas *in bonis* et après son mariage, c'est son mari qui l'a été « *loco emptoris* » par l'effet de la constitution de dot.

Mais dans le dernier état du droit, la deuxième hypothèque étant regardée comme pure et simple il ne devait plus en être de même et le texte dès lors, ne nous est pas contraire.

Telles étaient donc les institutions romaines et nous savons qu'elles ont été gardées par l'ancienne jurisprudence qui n'a rien apporté de nouveau dans la matière. A la veille du code civil l'on suivait encore les anciens errements et nous pensons avoir suffisamment établi que les rédacteurs du Code qui innovèrent après la loi de Brumaire an VII, dans la matière de la spécialité et de la publicité ne réformèrent pas le droit sur le point qui nous occupe.

Or de tels changements ne se produisent pas ordinairement par voie de conséquence, et nous pensons d'ailleurs que le législateur qui a édicté le principe de la spécialité a pu être logique avec lui-même en ne repoussant pas l'idée d'une hypothèque constituée sur la chose d'autrui.

Motifs économiques ou pratiques.

Si donc la tradition nous montre cette hypothèque comme admise, l'intérêt primordial du crédit nous recommande aussi de ne pas la proscrire.

« Le crédit, disait le tribun Huguet dans ses observations rapportées dans Fenet, tome XV, page 513, le crédit est comme la sensitive que le toucher le plus délicat irrite. »

C'était aussi l'opinion de Bigot-Préameneu dans son rapport au Conseil d'État, séance du 7 pluviôse an XII, lorsqu'il s'exprimait ainsi : « Il est évident que tout système qui tend à réduire les créances au petit nombre de celles qui n'offriront au créancier aucun doute, doit beaucoup diminuer la circulation générale » (Fenet, tome XV, p. 261).

Nous partageons d'autant plus l'opinion de l'illustre rapporteur que nous voyons à chaque page des « Travaux préparatoires » le souci du crédit dominer les discussions des commissaires : il est bien certain dès lors qu'ils n'ont entendu limiter la liberté des conventions dans la matière de l'hypothèque que dans la plus stricte mesure. Il est hors de doute que les législateurs ont voulu protéger les prêteurs naïfs contre leur propre inexpérience et contre la malhonnêteté des emprunteurs à toutes fins. Mais comment auraient-ils songé à empêcher un débiteur d'emprunter, un bailleur de fonds de traiter sous la garantie d'une hypothèque qui pour n'être pas absolument sûre, peut être d'une incertitude moins grande qu'une seconde ou troisième hypothèque sur un bien déjà grevé ou qui a diminué de valeur ?

La loi qui ne peut prévoir ni régler chaque hypothèse vise ordinairement le « *quod plerumque fit* ». C'est ainsi qu'elle prohibe l'hypothèque des biens à venir parce qu'elle nuirait le plus souvent à la fois au débiteur, aux créanciers et aux tiers ; car l'on imaginerait aisément telle hypothèque sur biens à venir qui ne serait constituée au désavantage de personne.

Eh bien, l'on peut dire, nous semble-t-il, que l'hypothèque de la chose d'autrui est précisément restée hors des prohibitions légales parce que d'habitude elle ne présente rien de dolosif.

Comment peut-il arriver qu'on hypothèque la chose d'autrui ?

Ou bien c'est parce que l'on se trompe et qu'on croit hypothéquer son propre bien, mais alors l'intention des parties est aussi certaine qu'honnête, et il est bien évident que la convention vaudra à leurs yeux, soit comme promesse d'hypothèque, soit comme constitution même d'hypothèque si le constituant devient propriétaire de l'immeuble, ou si le *verus dominus* ratifie ou hérite du constituant.

Ou bien l'on a hypothéqué un bien dont la propriété doit advenir d'un jour à l'autre au constituant. Pourquoi défendre encore une telle hypothèque, si les parties y trouvent leur intérêt?

Même enfin dans le cas où le débiteur est de mauvaise foi ; il nous semble difficile d'admettre que le législateur en proscrivant l'hypothèque de la chose d'autrui pour mieux protéger le crédit, en vienne à cette conséquence de permettre au constituant dont s'agit, une fois qu'il est devenu propriétaire, de ne pas redouter l'action hypothécaire du créancier qu'il a trompé, de n'avoir même pas besoin d'agir en nullité d'une hypothèque inexistante, et de profiter pleinement de sa fraude. Le bailleur de fonds ne semble-t-il pas alors singulièrement protégé?

Et ceci nous amène presque sans transition à l'un des motifs théoriques que nous allons tirer de l'idée de la spécialité.

Motifs théoriques

S'il est vrai que la prohibition de l'hypothèque de la chose d'autrui se rattache étroitement au principe de la spécialité dont elle serait alors une conséquence logique, c'est qu'elle permet les abus que ce principe veut enrayer.

Mais quel est le but du législateur qui édicte la spécialité des hypothèques ? M. Martou le dit très nettement dans son « *Commentaires des Privilèges et hypothèques* page 94, n° 993 » : Cette prescription est faite dans le triple intérêt du débiteur du créancier et des tiers. Elle protège le premier contre sa propre faiblesse ; tout emprunteur n'est que trop enclin à céder presque sans discussion, par la force des circonstances, aux exigences du prêteur et à lui offrir en gage la totalité de sa fortune immobilière, même lorsqu'une partie serait suffisante pour couvrir la créance. En ne lui permettant de soumettre à l'hypothèque que des biens nominativement déterminés, on l'amène à faire des efforts sérieux pour établir une juste proportion entre la somme qu'il demande et la sûreté qu'on réclame de lui. D'autre part le gage des créanciers gagne en certitude ce qu'il perd en étendue, il lui est affecté d'une manière plus exclusive et partout la liquidation en est plus facile et moins dispendieuse. (Treillard disait de même au Conseil d'Etat, séance du 7 pluviôse an XII, « l'hypothèque... n'est donc que pour ceux qui veulent un intérêt moindre et une sûreté plus grande (1) ». Enfin ajoute l'auteur, les tiers qui se proposent de contracter avec le débiteur se trouvent mis à même de se rendre compte de la mesure exacte dans laquelle son crédit et ses droits de propriété sont entamés par les hypothèques antérieures ».

Or si tel est le but du principe de la spécialité, nous ne voyons pas que l'hypothèque de la chose d'autrui soit de nature à le tourner. On peut l'admettre sans nuire à ceux que l'on tient à protéger de cette manière.

Est-ce un débiteur pressé par le besoin et

(1) *Cf.* Fenet t. XV, p. 273.

prêt aux sacrifices les plus exagérés que celui qui donne en hypothèque la chose d'autrui ? Nous ne le pensons pas. Le plus généralement nous l'avons dit, l'on hypothèquera la chose d'autrui dans l'ignorance qu'elle ne nous appartient pas ou dans l'espoir qu'elle nous appartiendra plus tard. Admettons même que ce soit dans un but frauduleux, en tout état de cause une telle hypothèque sera constituée par le débiteur lorsque ses immeubles seront hypothéqués ou lorsque ceux d'entre eux qui peuvent être encore libres seront insuffisants.

Mais loin de fournir des sûretés sans les compter, sans les proportionner à sa dette, le constituant nous paraît, dans l'espèce, plutôt instruit à ce double égard.

En ce qui concerne le créancier hypothécaire, admettons qu'il veuille gagner en certitude ce que son gage peut perdre en étendue ; mais, dès lors que l'immeuble d'autrui, objet de l'hypothèque, est dûment décrit et parfaitement connu des parties, l'on a satisfait au vœu de la loi et tout prêteur doit rester libre de placer ses fonds contre telle garantie légale qui lui paraît suffisante.

Quant aux tiers, l'inscription de notre hypothèque leur fera connaître la situation, et suffira à les renseigner sur le crédit du débiteur.

Il reste le véritable propriétaire ; mais à son égard la constitution d'hypothèques sur sa chose est « *res inter alios acta* » et il ne peut subir les conséquences de cette convention, dans notre théorie, que s'il la ratifie, ou s'il hérite du constituant ; et dans les deux cas il doit rester maître de sa volonté.

Nous ne voyons donc pas en quoi le principe de la spécialité peut-être mis en échec par l'hypothèque qui nous occupe, et c'est bien ce qui nous conduit à conclure qu'on peut admettre le principe tel qu'il est écrit dans l'art. 2129, sans exclure l'hypothèque de la chose d'autrui.

Il y a pour nous un autre motif d'admettre les effets de cette sûreté, et nous le tirons par analogie des conséquences communément admises de la vente de la chose d'autrui.

Nous avons déjà dit que si l'art. 1599 C. civ. prohibe cette vente l'on n'en admet pas moins qu'elle produit ses effets lorsque le vendeur *non dominus* lors de l'acte de vente, devient plus tard propriétaire du bien vendu, ou lorsque le propriétaire véritable ratifie la vente.

Pourtant le Code est formel en ses termes « la vente de la chose d'autrui est nulle » et nous n'avons aucun texte semblable dans la matière des hypothèques.

N'en doit-on pas conclure au moins à une égalité de traitement de l'hypothèque et de la vente de la chose d'autrui?

Les auteurs et la jurisprudence s'élèvent pourtant contre cette analogie. Nous avons cité l'opinion de Thézard (1) qui la repousse par la raison que si dans la vente de la chose d'autrui le contrat actuellement inutile contient au moins une manifestation de volonté susceptible de se compléter plus tard, il ne peut en être de même en matière d'hypothèque où la qualité de propriétaire chez le constituant, envisagée comme une condition de possibilité légale de l'affectation hypothécaire en soi, fait défaut.

Mais « l'on admet avec M. Colmet de Santerre que cette condition de possibilité légale n'est nullement tirée des textes et qu'elle « tranche la question que nous discutons par la question (2) » ; il faut bien reconnaître qu'il y a dans notre constitution d'hypothèque une manifestation de volontés aussi respectable que dans la vente de la chose d'autrui et qu'il échet d'en tenir compte.

Nous avons en ce sens un important arrêt de la Cour de Metz du 20 avril 1836 rapporté au Dalloz

1. *Traité du nantissement des privilèges et hypothèques*, p. 74, n° 48.

2. Colmet de Santerre, *op. cit.*, tome IX, p. 176.

« Privilèges et hypothèques, vol. 37, p. 346, en note sous le n° 1193, dont voici les motifs ; « il doit en être, en effet, de l'hypothèque de la chose d'autrui comme de la vente : les articles 1599 et 2124 du Code civil ne faisant que consacrer le même principe, ou plutôt l'un n'étant que la conséquence du principe posé par l'autre : or, en thèse générale, la vente de la chose d'autrui est nulle, il n'en résulte pourtant pas, que dans certains cas une pareille vente ne puisse être validée et produire tous ses effets : on convient généralement que si le vendeur devient propriétaire de la chose qu'il a vendue avant qu'elle lui appartînt, il ne peut, sous le prétexte de la nullité, la revendiquer sur l'acquéreur ou se refuser à la lui livrer, si la livraison n'a pas encore été faite ; l'acquéreur a donc obtenu un droit en vertu d'un acte nul dans le principe, mais qui est devenu valide, en vertu de la maxime « *confirmato jure dantis, confirmatur jus accipientis.* » Ce droit de l'acquéreur dépend-il du vendeur de l'anéantir par une seconde vente faite depuis que la propriété s'est consolidée en ses mains? Evidemment non ! car le vendeur s'est dépouillé et il est obligé de respecter ce qu'il a fait : d'un autre côté, il ne peut pas transmettre plus de droits qu'il n'en a lui-même, et le nouvel acquéreur n'étant par rapport à la chose que l'ayant cause du vendeur, et non un tiers qui aurait des droits distincts à faire valoir, ne peut pas exercer un droit qui n'a pu lui être transmis. Ces principes sont applicables au cas où ce sont deux hypothèques qui ont été successivement établies sur la même chose, par le même individu, avant et après l'acquisition de la propriété. La première étant devenue valide avant que la seconde fût établie, il n'a pu y être porté atteinte par celle-ci. Le créancier auquel l'hypothèque a été conférée en second lieu n'est véritablement pas un tiers ; ce n'est qu'un nouvel ayant cause du débiteur qui ne peut, pas plus que ne le pourrait celui-ci, critiquer la validité du titre du premier créancier. »

Donc l'analogie de la vente et de l'hypothèque de la chose d'autrui est évidente, et l'on a vainement cherché à la nier (1) en se basant sur ce que la vente serait un contrat non solennel qui n'aurait trait qu'à des intérêts privés, quand l'hypothèque au contraire serait un contrat solennel touchant aux intérêts les plus graves, au crédit public et par suite à l'ordre public. Mais nous avons établi plus haut que si le contrat d'hypothèque était bien solennel, il ne fallait pas en con-

1. *Cf.* la critique de cette opinion par M. Guillouard, *op. cit.*, tome II, p. 419, 2e édit., nº 937.

clure qu'il fût d'ordre public et l'objection dès lors ne porte plus.

Il est très intéressant, remarquons-le d'admettre l'analogie de la vente et de l'hypothèque de la chose d'autrui, car l'on répond alors à l'opinion qui repousse l'hypothèque de la chose d'autrui en se basant uniquement sur la règle « *nemo dat quod non habet* ». Aujourd'hui la vente n'a plus pour effet, comme à Rome, de créer une obligation, elle est translative de propriété, et celui qui vend la chose d'autrui « donne » évidemment ce qu'il n'a pas. Cependant cela n'empêche point de reconnaître les effets d'une telle vente dans certains cas. Or comment on est-on venu à donner cette entorse au principe de l'art. 1599 ? Evidemment dans l'intérêt des parties et par respect de leurs conventions. — Mais en matière d'hypothèque, encore une fois, l'intérêt des parties est aussi manifeste, la convention est aussi respectable qu'en matière de vente. Pourquoi donc dès lors ne pas admettre l'analogie dont nous parlons ?

Si telle est notre doctrine, il ne nous sera plus difficile d'en tirer les conséquences pratiques.

Nous considérons d'abord l'hypothèque de la chose d'autrui non pas comme nulle de nullité absolue ou inexistante, mais seulement comme inefficace *inter partes* jusqu'à ce que la qualité de propriétaire vienne à se fixer sur la tête du constituant ou plus généralement encore jusqu'à ce que le constituant et le propriétaire ne fassent plus qu'un.

L'hypothèque existe, c'est un fait, et l'inscription qu'on en a prise existe, avec elle ; mais la sûreté qu'elle constitue pour le créancier est encore chancelante ; elle ne prendra sa force qu'au moment où la propriété adviendra au constituant Un arrêt déjà cité (1) critique vivement cette distinction entre l'inefficacité et la nullité de l'hypothèque dont nous parlons, et la trouve « par trop subtile ».

Mais il est permis de répondre que la subtilité la plus grande existe souvent dans la loi même et que d'ailleurs c'est par une analyse aussi délicate que l'on a pu donner des effets à la vente de la chose d'autrui, nulle dans le principe, mais qui vient à être convalidée plus tard. Si donc nous l'admettons, voici les conséquences qu'il convient d'en tirer.

A. Une hypothèque est donnée et acceptée sur la chose d'autrui. Quelle a pu être l'intention des parties ? Ou bien, elles ont su que l'immeuble

1. Nancy, 30 mai 1843. *Rep.* Dalloz. *Priv. et hyp.* Vol. 37, page 345, note sous le n° 1192.

appartenait à autrui, ou bien elles l'ont ignoré.

1) Si elles l'ont su, peut-on croire vraisemblament qu'elles ont voulu créer *hic et nunc* une hypothèque conventionnelle, c'est peu probable comme étant chose impossible, mais n'est-ce pas alors le cas d'appliquer l'art. 1157 Code civ. et d'envisager la convention comme ayant un sens et valant promesse d'hypothèque plutôt que comme n'en ayant pas ? Une telle promesse sera nécessairement valable car elle n'a rien de contraire aux bonnes mœurs et à l'ordre public et elle ne nuira pas au *verus dominus* puisqu'il faudra obtenir son consentement pour qu'elle se réalise sur l'immeuble visé dans l'acte. Cette obligation, si elle n'est pas exécutée, se résoudra d'après l'article 1142 en dommages-intérêts ; mais nous allons même plus loin.

2) Nous pensons avec M. Gillard (*op. cit.*) que dans le cas où les parties ont cru à tort constituer *hic et nunc* une hypothèque, nous nous trouvons en présence d'un contrat innomé susceptible d'engendrer une obligation de dédommager le créancier à défaut d'exécution du contrat.

M. Colmet de Santerre (tome IX. *op. cit.* n° 92), base cette action sur la faute dont le débiteur s'est rendu coupable en ne s'assurant pas mieux de son prétendu droit de propriété sur l'immeuble grevé. (art. 1382, *c. civ.*).

Mais il ne faut pas séparer l'hypothèque (contrat accessoire) du contrat principal à l'occasion duquel elle intervient et qui est ordinairement un prêt d'argent. L'hypothèque apparaît alors comme la contre-partie d'un avantage fourni au débiteur ; en conséquence, l'obligation d'hypothèque doit se résoudre, en cas d'inexécution, en dommages-intérêts. Cette conception a l'avantage d'être égalementvraie, que le constituant ait agi de bonne ou de mauvaise foi.

Donc, et cette nouvelle conséquence s'impose, si le constituant devient un jour propriétaire de l'immeuble grévé, comment pourrait-il arguer du vice dont l'hypothèque est atteinte et prétendre que l'immeuble dont il a la propriété est libre de charges à cet égard? Ne se présente-t-il pas alors comme évinçant le créancier hypothécaire? Evidemment oui.

Or « qui doit garantir ne peut évincer » et nous en concluons que le débiteur tenu d'indemniser le créancier hypothécaire en cas de trouble ou d'éviction ne peut en invoquant la nullité de l'hypothèque l'évincer lui-même.

Ce sera la solution que nous adopterons au cas où le débiteur deviendra propriétaire de l'immeuble grévé par l'effet d'un achat ou d'une donation ; de même s'il vient à hériter du vrai propriétaire.

Les ayants cause du débiteur c'est-à-dire ceux auxquels il aura vendu l'immeuble dont il sera devenu propriétaire, ou encore ses héritiers ne pourront pas non plus exciper de la nullité de l'hypothèque consentie par leur auteur. Le débiteur ne peut leur transmettre en effet plus de droit qu'il n'en a lui-même et il leur transmet assurément ses obligations.

Tenus, comme lui, à la garantie, ses ayants cause ne peuvent pas non plus évincer le créancier hypothécaire ; de même, si le *verùs dominus* vient à succéder au débiteur, car les deux qualités de propriétaire et de constituant se trouvent réunies sur une même tête et l'hypothèque doit alors sortir rétroactivement son plein effet.

B. Si nous supposons maintenant que le débiteur a formellement déclaré, en l'hypothéquant, que l'immeuble était à autrui, si nous nous plaçons dans le cas d'une hypothèque constituée sous la condition qu'on deviendra propriétaire de l'immeuble grevé, l'intention des parties est plus évidente encore et les conséquences que nous venons de développer doivent *a fortiori* être admises.

Il n'est plus besoin d'interpréter comme M. Troplong, l'article 2125 du Code civil qui traite de l'hypothèque conditionnelle permise, dans le sens qu'il validerait comme telle, l'hypothèque sous la condition « si je deviens propriétaire ».

Cet article en effet suppose que le constituant a d'ores et déjà, sur la chose un droit qui, pour être imparfait est certain et susceptible de rétroagir au jour du contrat, ce qui est différent de notre espèce.

C. Nous devons enfin envisager l'hypothèse d'une hypothèque constituée par un porte-fort sur la chose d'autrui.

Nous suivons ici l'opinion de la Cour de Cassation, mais en l'élargissant et nous admettons qu'une telle hypothèque produit rétroactivement ses effets dès l'instant que le *verus dominus* a ratifié l'acte du porte-fort.

En effet, pour nous, la ratification doit d'autant mieux produire son effet que nous ne considérons pas, comme le fait le tribunal suprême, l'hypothèque de la chose d'autrui comme primitivement nulle mais seulement comme inefficace.

La ratification du vrai propriétaire, aussi bien que l'acquisition de la propriété par le constituant ajoute à l'hypothèque précisément ce qui lui manquait : un consentement utile.

Mais il nous reste à démontrer que notre solution ne porte pas atteinte aux tiers, comme l'ont prétendu Pothier (*Traité de l'hypothèque.* Ch. I. Sect. 11, n° 50). M. Pont sur Marcadet (*Traité de Code civil,* tome II. n° 626) et d'autres auteurs dont nous avons cité déjà l'opinion.

En effet dans l'hypothèse où ils se sont placés et que nous rappelons brièvement, le porte-fort constitue hypothèque puis, à sa suite, le propriétaire en fait autant et ratifie ; l'on nous dit que ce dernier en ratifiant, ne peut nuire à son propre créancier hypothécaire et c'est ce qui aurait évidemment lieu si l'hypothèque du porte-fort était convalidée rétroactivement par la ratification. Il s'est en effet dépouillé du droit de donner sur son immeuble une hypothèque de même rang que celle qu'il a consentie à son propre créancier ; or admettre rétroactivement l'hypothèque du porte-fort à sa date ce serait lui donner la priorité de rang et par là-même nuire au créancier hypothécaire du *Verus dominus.*

Nous savons que l'on entend répondre ainsi à la doctrine qui prétend que la ratification doit produire ici des effets qu'elle ne produirait pas en matière de vente ; car l'on peut constituer deux hypothèques sur un même immeuble qu'on ne pourrait deux fois vendre.

Nous convenons que les deux hypothèques ne

peuvent coexister, pas plus que deux ventes, en ce sens qu'on ne peut leur donner à chacune le même rang.

Mais il ne s'agit pas pour nous de traiter les deux créanciers hypothécaires, celui du porte-fort et celui du propriétaire sur le même pied.

S'il le fallait au temps de Pothier, à moins de nuire au second à son insu et sans qu'il ait pu se rendre compte de la fâcheuse situation où le pouvait mettre une ratification tout à fait imprévue, il n'en est plus de même aujourd'hui, où la publicité de la hypothèque a dû le renseigner à tous égards ; il n'a pas pu traiter avec le vrai propriétaire sans lui demander des explications sur la première inscription, sans lui faire renoncer au droit de ratifier un jour la première hypothèque. S'il éprouve un préjudice de la ratification, qu'il s'en prenne à lui-même et non à son débiteur !

Naturellement nous étendons cette solution par *a fortiori* à l'hypothèse où l'immeuble a été hypothéqué à de nouveaux créanciers après la ratification du vrai propriétaire. Car la convalidation de l'hypothèque consentie par le porte-fort ne leur nuit même plus, au sens de Pothier.

Le système que nous combattons se heurte remarquons-le à une difficulté spéciale en cette matière. Elle résulte de l'application à notre hypothèque du principe de la publicité. Faut-il publier l'acte de ratification, ou suffit-il que l'hypothèque du porte-fort ait été primitivement inscrite?

Nous savons que la Cour de cassation (1) a admis que « l'acte générateur » de l'hypothèque primitive était la convention d'hypothèque même, du porte-fort, et que l'inscription qui en avait été prise suffisait à rendre publique cette sûreté et à prévenir les créanciers dont nous parlons.

1. Arrêt du 13 décembre 1875, Dalloz, 1876, 1, 97.

CHAPITRE III

CONSÉQUENCES BIZARRES DU SYSTÈME ADVERSE

Si telles sont les conséquences auxquelles nous aboutissons logiquement dans le système que nous proposons, nous avons vu que la doctrine et la jurisprudence adoptent les solutions contraires.

On ne pourrait les leur reprocher si, ce faisant, la doctrine et la jurisprudence étaient logiques avec elles-mêmes. Mais l'on voit, au contraire, des contradictions bizarres, rompre l'harmonie de la théorie adverse.

Nous avons signalé tout d'abord qu'un grand nombre d'auteurs admettent que le débiteur ne serait pas recevable à invoquer la nullité de l'hypothèque qu'il a consentie sur le bien d'autrui, s'il l'avait fait sciemment et s'était rendu coupable de stellionat.

MM. Baudry et de Loynes, pour ne citer qu'eux

s'expriment ainsi dans leur traité théorique et pratique du Code civil, tome II, page 379. « Peut-être toutefois serait-il difficile, si le débiteur était de mauvaise foi, s'il s'était rendu coupable de stellionat, de l'autoriser à se faire une arme de son délit pour faire tomber la constitution d'hypothèque. Ne pourrait-il pas alors être écarté par la maxime « *nemo creditur propriam turpitudinem suam allegans*. »

Un arrêt de Bordeaux du 16 juillet 1838, rapporté dans Dalloz. Repert. priv. et hyp., vol. 37, p. 346 en note sous le n° 1194 est conforme à cette opinion : « Attendu qu'il résulte une différence essentielle entre l'hypothèque qu'un débiteur a sciemment consentie sur la chose d'autrui et celle qu'un héritier confère sur un immeuble dépendant d'une succession encore indivise avec ses cohéritiers ; que dans le premier cas, bien qu'un droit de cette espèce ne puisse être valablement consentie sur un immeuble que par celui qui en est propriétaire, plusieurs textes formels des lois romaines (nos tribunaux, remarquons-le en passant, les invoquent donc encore) décident néanmoins que l'hypothèque devra produire son effet si le débiteur acquiert « *ex post facto* » la propriété de l'immeuble ; qu'il ne peut alors opposer au créancier la nullité originaire de l'hypothèque parce qu'il serait repoussé par l'exception résultant de son propre dol... ».

Mais que devient alors la rigueur des principes ? Comment parler d'agir en nullité d'une hypothèque qu'on dit être inexistante ? La contradiction est déjà dans les termes, elle est également au fond.

C'est pourquoi MM. Baudry et de Loynes ajoutent à la suite du passage que nous venons de citer « nous hésiterions cependant même dans ce cas (celui du stellionat) à apporter une exception aux principes ; l'acte est inexistant ou nul d'une nullité radicale, il ne peut produire aucun effet, les tribunaux sont tenus de le constater même d'office. Nous ne voyons pas comment l'indignité du constituant limiterait leurs pouvoirs. »

Il y a mieux encore dans la matière de l'hypothèque consentie par le porte-fort et l'arrêt de cassation sur lequel nous avons longuement insisté est absolument contraire aux idées de cette même Cour sur la question de principe même : à savoir qu'il ne faut pas admettre l'existence d'une hypothèque constituée sur la chose d'autrui.

Comment concilier cette doctrine et les effets qu'on donne à la ratification du vrai propriétaire ?

Qui peut empêcher d'étendre cette solution au

cas où le constituant *non dominus* lors de la convention d'hypothèque, le devient plus tard ? La situation n'est-elle pas la même ; l'hypothèque ne prend-elle pas dans les deux cas une force qui lui avait d'abord manqué?

Mais on préfère se montrer plus rigoureux que la loi même, et pousser les conséquences d'une prétendue prohibition de notre hypothèque aux plus extrêmes limites.

Un débiteur de mauvaise foi va pouvoir grever impunément l'immeuble d'autrui d'une hypothèque qu'il sait être regardée par les Tribunaux comme inexistante. Il jouira des avantages concédés par le créancier, il dévorera le prêt consenti et s'il devient un jour propriétaire de l'immeuble mais qu'il le grève aussitôt de nouvelles hypothèques, le premier créancier qu'il aura trompé n'aura pour toutes ressources que de lui demander bien vainement un paiement inexécutable faute d'argent, où une nouvelle sûreté introuvable faute de biens.

Si je suis en pourparlers pour acquérir un immeuble et que mon vendeur soit absent, ou copropriétaire par indivis donc incapable de traiter seul pour la totalité de l'immeuble et que je vienne à avoir un pressant besoin de fonds, je ne pourrai pas emprunter sur cet immeuble, qui m'appartiendra d'un moment à l'autre !

Si je passe outre, d'accord avec mon créancier, il ne me servira de rien, une fois l'hypothèque consentie, que la qualité de propriétaire se fixe bien sur ma tête comme mon prêteur et moi l'avions prévu ! Notre acte ne vaut même pas promesse d'hypothèque, et nous sommes censés n'avoir pas exprimé nos volontés !

Voilà pourtant où l'on en arrive dans le système que nous combattons et nous n'envisageons pas assurément toutes les hypothèses qui peuvent se présenter en pratique.

Nous observons à ce propos que nous ne suivons pas les auteurs qui, traitant de l'hypothèque de la chose d'autrui, prennent comme exemple le cas où cette sûreté est constituée par un co-propriétaire indivis, par un acheteur ou un vendeur à remeré, par un acheteur au cas de résolution de la vente pour vilité du prix ou vice dans la marchandise, par l'héritier apparent ; car ce sont plutôt des cas d'hypothèque conditionnelle prévus par l'art. 2125, en dehors duquel nous nous sommes tenus dans cette étude.

Mais nous enfermons notre travail dans une même idée en reprenant maintenant la considération placée au début de notre thèse et en disant que le défaut de logique le plus apparent peut-être du système adverse consiste en ce que l'on traite différemment le gage et les privilèges d'une part, et l'hypothèque sur la chose d'autrui d'autre part.

CHAPITRE IV

CONCLUSION

Nous concluons donc que l'hypothèque de la chose d'autrui doit être admise en principe dès l'instant qu'elle n'est pas prohibée formellement par le Code et qu'on ne peut l'englober dans la proscription de l'hypothèque des biens à venir.

Si elle est inefficace tant qu'elle peut nuire au vrai propriétaire, elle doit sortir son plein effet, dès que cet obstacle disparaît. Cette idée est fertile en conséquences et tend à rapprocher notre sûreté immobilière des sûretés mobilières sur la chose d'autrui. Entre les deux, il y aura toujours évidemment la différence fondamentale qui résulte pour les immeubles de l'absence d'un texte semblable à l'article 2279, relatif aux meubles.

Mais notre doctrine paraît avoir ce mérite

d'étendre, dans une notable mesure, le crédit, en permettant que la chose d'autrui puisse faire l'objet d'une sûreté réelle quelconque et serve au profit commun du prêteur et de l'emprunteur, sans nuire, au moins quant à l'hypothèque, au vrai propriétaire.

Vu :
Le Président de la thèse,
A. PLANIOL.

Vu :
Le Doyen,
GLASSON.

VU ET PERMIS D'IMPRIMER :
Le vice-recteur de l'Académie de Paris,
Pour le vice-recteur, l'inspecteur d'Académie,
EVELLIN.

TABLE DES MATIÈRES

EXPOSITION

CHAPITRE PREMIER

CHAPITRE II

CHAPITRE III

CHAPITRE IV

Laval. — Imprimerie parisienne L. BARNÉOUD & C .

www.ingramcontent.com/pod-product-compliance
Ingram Content Group UK Ltd.
Pitfield, Milton Keynes, MK11 3LW, UK
UKHW020325250726
13967UKWH00004B/1866

9 782013 081900